Bauwelt Fundamente 39

Herausgegeben
von Ulrich Conrads

Programmredaktion:
Hansmartin Bruckmann
Ulrich Conrads
Gerhard Fehl
Rolf-Richard Grauhan
Herbert Hübner
Frieder Naschold
Dieter Radicke
Mechthild Schumpp

Beirat:
Gerd Albers
Adolf Arndt
Lucius Burckhardt
Werner Kallmorgen
Julius Posener

Alexander Tzonis

Das verbaute Leben

Vorbereitung zu einem Ausbruchsversuch

Bertelsmann Fachverlag

Titel der amerikanischen Originalausgabe:
Towards A Non-Oppressive Environment.
© 1972 by Alexander Tzonis.
1972 erschienen bei i press incorporated, Boston (Mass.), USA.
Aus dem Amerikanischen von Kyra Stromberg.

© 1973 Verlagsgruppe Bertelsmann/Bertelsmann Fachverlag,
Düsseldorf
Umschlagentwurf von Helmut Lortz
Gesamtherstellung Poeschel & Schulz-Schomburgk, Eschwege
Alle Rechte vorbehalten · Printed in Germany
ISBN 3-570-08639-9

Inhalt

Vorbemerkung 6

Vorwort zur deutschen Ausgabe von Kyra Stromberg 7

Cézannes Mohrrübe 10

Das göttliche Modell 20

Der Prozeß der Klassifizierung 31

Reinheit und Schönheit 36

Der prä-rationale Weinberg und die rationale Weinlese 42

Das gefällige Objekt 48

Die selbstherrliche Schönheit des Perrault 55

Eine Blume von ewiger Jugend 63

Die kleine Bauernhütte 72

Die technische Schönheit 82

Der Würfel, dessen Seiten gelb, rot, blau, weiß, grau und schwarz waren 90

Die Lösung des Problems 98

Die Überwindung des »Status naturae« 107

Das hoffnungslose Arkadien 114

Anmerkungen 119

Vorbemerkung

Dieses Buch gibt zwar einen persönlichen Aspekt von Architektur wieder, dennoch ist es nicht ausschließlich das Ergebnis der Beobachtungen eines einzelnen. Ich gehe in entscheidendem Maße aus von der Forschungsarbeit, die andere Wissenschaftler geleistet haben. Aus diesem Grunde sollte diese Vorbemerkung nicht nur als Hinweis, sondern auch als Dank verstanden werden.
Der größte Teil des in diesem Buch verwendeten Materials ist zuerst während einer Vorlesung in der Architektur-Abteilung an der Pennsylvania State University untersucht worden. Es wurde dann in einer Vortragsreihe weiterentwickelt, die ich an der Université de Montréal gehalten habe. Ich möchte allen meinen Dank ausdrücken, die mir auf sehr verschiedene Weise geholfen haben, den Mut, die Energie, den Impetus und die nötige Zeit für diesen kurzen Essay zu finden, nämlich: Melvin Charney, Raniero Corbelletti, Serge Carreau, Yanni Pyriotis, Naomi Lev und Richard Plunz. Sylvia und George Zavitzianos, Jenny Skidmore, Anne Lee und Julia Vellacott danke ich dafür, daß sie mir bei der Vorbereitung des Manuskriptes halfen; Elizabeth Schwartzinger dafür, daß sie mir viel Glück für meine Unternehmung wünschte.
Dem Hotel Metropole in Santa Margherita und dem Mather House von Harvard College, wo der größte Teil des Buches geschrieben wurde, danke ich für ihre Gastfreundschaft.

Alexander Tzonis

Vorwort zur deutschen Ausgabe

Der englische Originaltitel des vorliegenden Bandes – »Towards a Non-Opressive Environment« – ruft ein anderes Buch ins Gedächtnis, dessen erstes Erscheinen rund fünfzig Jahre zurückliegt: Le Corbusiers »Vers une architecture« (Ausblick auf eine Architektur, Neudruck 1963 als Band 2 der Bauwelt Fundamente). Die Titel allein deuten auf die verschiedenen zeitgeschichtlichen Hintergründe beider Autoren. Le Corbusiers strahlendes Pamphlet ist bei aller herben Kritik an Gegenwart und jüngster Vergangenheit voller Aufbruchstimmung, von schier unermeßlicher Hoffnung erfüllt auf die Regeneration der Architektur und damit der Lebensumwelt aus dem Geiste und der Praxis der Technik. Alexander Tzonis, nahezu zwei Generationen jünger, seit 1965 Hochschullehrer an amerikanischen und europäischen Universitäten, hat allein während dieser Lehrzeit die beschleunigte Entwicklung der Umwelt zu einem »verbauten Leben« erfahren. Mit geschärfter Skepsis sieht er sich genötigt, die rettenden Möglichkeiten des »Design«* – im weitesten Sinne – zu bezweifeln, alle Ausblicke der Entwerfer künftiger Umwelten – Theoretiker wie Praktiker – genau zu prüfen, nach den Gründen zu fragen für das erkennbare Unvermögen dieser Entwürfe, eine von lebensschädigenden Bedrängnissen und Unterdrückungen freie, humane Umwelt zu schaffen.

* Anmerkung des Übersetzers
Der Begriff »Design« (= Plan, Entwurf, Zeichnung) wird in der vorliegenden Übersetzung des Essays durchgängig in dem umfassenden Sinne verwendet, wie es im Englischen üblich ist und sich allmählich auch im Deutschen durchzusetzen beginnt. Bei allen Unterschieden der Interpretation zeigte sich zum Beispiel in der vom Internationalen Design-Zentrum (IDZ) Berlin 1969 veranstaltenden Umfrage (s. Paperback IDZ 1 »design?«) überwiegend die Tendenz, den Begriff in dem hier verwendeten Sinne zu erweitern. »Design« bezieht sich also hier auf Produktherstellung, Architektur, Stadtplanung, Raumordnung, Gesellschaftsordnung, kurz, auf die gesamte vom Menschen machbare bzw. gemachte Umwelt, wobei allerdings die Beispiele aus der Architektur überwiegen. Der Begriff »Design« wird in der Übersetzung wie im Original bewußt auch auf historische Epochen angewandt, für die er im deutschen Sprachgebrauch noch ungewöhnlich erscheint, um, wie es die Absicht des Autors ist, zu verdeutlichen, daß es sich durch die Epochen um das gleiche, mit verschiedenen Mitteln und auf verschiedenen Wegen angegangene Problem handelt, nämlich: eine von Repressionen freie menschliche Umwelt zu schaffen.

Die Problematik verschärft sich, je mehr diese Umwelt vom Menschen hergestellt, unwiderruflich in seine Verantwortung gegeben wird, je geringer also die natürlichen Residuen werden, die vielleicht noch die Illusion außermenschlicher regulierender Kräfte stärken mögen. Immer deutlicher wird, daß die schlimmere Repression nicht von der natürlichen Umwelt, sondern vom Menschen auf den Menschen ausgeübt wird. Tzonis stellt die Frage, wie sich der böse Zirkel schloß und wie er sich aufbrechen lassen könnte; ob nämlich die Emanzipation des Menschen von seinen natürlichen Bedingungen, aus der prä-rationalen Orientierung seiner Umwelt am ›göttlichen Vorbild‹ und der Struktur des Mythos notwendig und ausweglos zur Macht des Menschen über den Menschen führt und über welche Stufen der Entwicklung sich dies vollzieht. So wenig er im Schritt zum Rationalismus einen unbezweifelbaren Fortschritt sieht, so wenig ist für ihn die prä-rationale Welt ein hoffnungsvolles Arkadien, sind für ihn der »edle Wilde« Rousseaus und die »bescheidene Hütte« der zeitgenössischen Design-Theoretiker ein Ausweg aus den Kalamitäten.

Für Tzonis ist der entscheidende Einschnitt im Verhalten der Menschen zueinander der Verzicht auf die sichtbare Ordnung als Zeichensprache dieses Verhaltens, in der ein Gegenstand der allen verständliche Übermittler von Bedeutung war. Indem er zum Objekt eines erhöhten, einseitigen und schließlich ökonomischen Nutzens wird, damit zum verfügbaren Reservoir von Macht für wenige, verliert die visuelle Ordnung ihre »Schlüsselstellung« für menschliche Verhaltensweisen, wird sie ein »Accessoir« oder ein Mittel zu Zwecken der Machtausübung.

Die Faszination des Zweckmäßigen wird an der Entwicklung des Rationalismus in der Design-Methodologie gezeigt. Die Hoffnung darauf, daß Zweckmäßiges jedenfalls auch »schön« und »gut« sei, geht hinter Max Webers fundamentale Erkenntnisse von den Grundlagen des Kapitalismus im Calvinismus zurück auf Thomas von Aquin und Augustin. In diesem Zusammenhang erklärt sich die tiefe Feindschaft der Rationalisten aller Prägungen – von den Konstruktivisten über die Funktionalisten zu den Elementaristen – gegen das Ornament als mißverständlichen und weidlich mißverstandenen Rest prä-rationaler Zeichensprache. Der Rationalismus als revolutionäre Bewegung gegen Aberglauben, Launenhaftigkeit und Zufall meinte hier des falschen Machtanspruchs habhaft zu werden. Er verkannte und verkennt noch heute, daß mit dem Verzicht auf den »Schnörkel«, mit der visuellen Ordnung der »glatten Flächen« die Besserung der zwischenmenschlichen Unordnung weder gelungen ist noch gelingen kann. Das ist die deutliche Erkenntnis dieses letzten Jahrzehnts.

Immer wieder scheint man zu übersehen, »daß die Ordnung der Umwelt von den übrigen rationalen Zielen unabhängig ist, daß sie weder aus der natürlichen Ordnung der Welt, noch aus der des menschlichen Geistes herzuleiten, sondern daß sie ihrem Wesen nach kulturell und in ihrer jeweiligen Besonderheit zeitlich begrenzt ist; daß, obgleich sie in der prä-rationalen Kultur ein umfassendes Vorstellungssystem und ein Ordnungsmittel war, sie in der gegenwärtigen Gesellschaft nur einen geringen – und vermutlich jedenfalls einen ganz anderen – Einfluß ausübt.« (Tzonis)

Der vorliegende Essay ist in der Tat ein »Versuch«, der Versuch, denkend und die Denkstrukturen früherer bis heutiger Design-Methodologen nachprüfend, aus dem Gefängnis auszubrechen, das der Mensch sich selbst in seiner Lebensumwelt geschaffen hat. Tzonis hält kein Rezept bereit. Auch wo seine Äußerungen – zu der repressiven Dauerschraube des »Konsumismus« zum Beispiel – »systemkritisch« sind, haben allenfalls andere, nicht er die vorformulierte Patentlösung bereit. Ansätze des Entkommens erkennt er in den Versuchen, »befreite Bereiche« zu schaffen, Musterstrukturen neuer Gemeinschaften, wie sie die Initiativgruppen heute mannigfach vorführen. Aber die Frage bleibt: Versprechen diese im Verhältnis zur Gesamtwirklichkeit minimalen »verwirklichten Utopien« – eine »neue Welt«?

Tzonis vorläufige Antwort ist: Umwelt als Design kann die Organisation der Macht nicht vorschreiben. Freie Alternativen haben ihren Sinn und ihre Wirksamkeit nur als »kritische Demonstrationen«. Die »Erfahrung, zu dem unterdrückten oder dem befreiten Menschen in Beziehung zu treten, läßt sich nur im Handeln machen«. Und solange man die Freiheit hat, zu handeln.

Kyra Stromberg
Mai 1973

Cézannes Mohrrübe

»Es wird eine Zeit kommen, da jede Mohrrübe beben wird vor Revolution!«

Die Tätigkeit der Architekten und deren Ergebnisse entwickeln sich beständig, aber ihre eigentliche Aufgabe ergibt sich seit eh und je aus dem fundamentalen Wunsch des Menschen, sich eine Umwelt zu entwerfen, die ihn nicht bedrängt und unterdrückt. Dieser Drang muß als die treibende Kraft hinter jeglicher Organisation der vom Menschen gemachten Umwelt gesehen werden, ganz gleich ob es darum geht, sie zu schaffen oder sie zu verändern. Die Definitionen von ‹Design› und ‹Umwelt› wandeln sich im Laufe der Baugeschichte. Sie hängen ab von den Werten und Zielen, von den Denkweisen und dem Bestand an Fakten, die von einer Gesellschaft – und von dem Architekten während seiner Berufspraxis – in ihre Überlegungen einbezogen werden. Mit anderen Worten: Die methodologischen Grundlagen, die der Mensch verwendet, um etwas herzustellen, sind in der Geschichte nie die gleichen.
So wie Repressionen sich auf verschiedene Weise auswirken, werden sie auch immer wieder anders wahrgenommen. Ebenso läßt sich eine Umwelt, die repressionsfrei ist, auf vielerlei Art und Weise vorstellen. Es ließe sich, zum Beispiel, erwarten, daß eine nicht repressive Umwelt ein Mittel ist, psychische Spannungen zu überwinden, die aus dem Unbekannten, dem Unerklärten, dem Unstrukturierten stammen. Menschen, die in einer solchen Umwelt leben, können sich vermutlich auch vorstellen, daß sie einmal frei sein werden von äußerer Drangsal, wie zum Beispiel dem Mangel an Lebensmitteln, den Gefahren, die ihnen heute noch durch wilde Tiere, Mikroorganismen oder durch ein schädliches Klima drohen. Wesentlich aber wäre für eine repressionsfreie, vom Menschen hergestellte Umwelt, daß sie ein Bereich ist, in dem Menschen einander nicht unterdrücken.
Diese Vielfalt möglicher Ziele entspricht den verschiedenen Funktionen des Design. Diese Funktion kann sein: die genaue Nachahmung traditioneller Muster, ihrer Anordnung und ihrer Abwandlung. Sie kann aber auch sein: die Hervorbringung und Zusammenstellung visuell angenehmer räumlicher Muster oder auch die Organisation mehrdimensionaler sozialer, politischer, ökonomischer und ökologischer Faktoren. In jedem dieser Fälle finden wir die Beschaffenheit der vom Menschen ›gemachten‹ Umwelt anders definiert. Je nachdem, ob es sich um ein Zimmer, ein Gebäude, eine Stadt oder eine Region handelt, muß der Designer entsprechend den jeweils anderen Funktionen des Design verschiedene Faktenreihen in seine Überle-

gungen einbeziehen. Er kann sich, zum Beispiel, vor allem mit Farben oder Formen befassen, mit dem Gewicht oder den spezifischen Eigenschaften von Baumaterialien, mit Normen industrieller Produkte, mit kulturellen Gewohnheiten, sozialen Bedingungen, mit Preisen oder mit der Machtstruktur in Entscheidungsprozessen und deren politischen Implikationen. Und ähnlich wirken wiederum diese Fakten während des Entwurfs-Prozesses auf sehr verschiedene Weise aufeinander ein.

Manchmal wenden die Entwerfer Regeln an; dann wieder sind Assoziationen von Ursache und Wirkung bestimmend oder auch komplexe stochastische mathematische Modelle. Wichtig ist zu wissen, daß sowohl die Fakten wie ihr Verhältnis zueinander nicht ohne einen Kontext existieren. Sie hängen nicht einmal von dem Scharfsinn ab, mit dem der Entwerfer sie wahrnimmt. Sie ergeben sich vielmehr aus den Endzielen, die in das entstehende Design-Erzeugnis hineinprojiziert werden, wie zum Beispiel aus der (wünschenswerten) Rolle, die, wie man erwartet, ein solches Erzeugnis in bezug auf die Organisation der Macht in einer Gesellschaft spielen soll. Denn hier liegt die eigentliche Ursache für menschliche Unterdrückung und Bedrängnis, wie ich später zu zeigen versuchen werde.

Immer wieder einmal ist man sich einig über das, was unter ›Design‹ und ›Umwelt‹ zu verstehen ist, während zu anderen Zeiten Verwirrung und Widersprüche herrschen, wie eben heute. Diejenigen, die den gängigen Standpunkt nicht mehr befriedigend finden, meinen, daß die bestehenden Grundvorstellungen von Design ohne jede Bedeutung sind, und suchen nach einer neuen Design-Methode.

Gleichzeitig besteht ein Teil der Designer gegenüber jeder Veränderung auf dem beruflichen Status quo und ist bemüht, die erreichten Positionen zu halten. Diese Unvereinbarkeit von Standpunkten erklärt sich aus dem Widerstand eines Teils der Gesellschaft (darunter auch Designer) gegen die Führung in dieser Gesellschaft, gegen ihre Struktur, gegen die Machtverteilung in ihr; so ist diese Unvereinbarkeit mehr in der Frage zu suchen, wie das Bewußtsein von Repression ausgedrückt werden könnte, als in den unterschiedlichen Auffassungen von Design und Umwelt. Die grundlegenden Unstimmigkeiten konzentrieren sich in der Entscheidung, welche Aspekte von Unterdrückung ein Design-Erzeugnis zu überwinden hat und welcher Unterdrücker zu bezwingen ist. Diese Streitfrage erhebt sich während aller gewichtigeren Design-Krisen, und derer gab es schon viele. Aber, wie gesagt, solche Krisen finden ihren Ausdruck nicht in Konflikten über Design-Ziele, sondern vielmehr in gegensätzlichen Auffassungen über die Methodologie.

Zum Beispiel erklärte man im 18. Jahrhundert zum ersten Mal, die Architektur sei dekadent und unaufrichtig, voller Verworrenheiten

und im Zustand der Auflösung. Im 19. Jahrhundert wurde ihr vorgeworfen, »ihre Mühe sei vergebens, falsch angewandt, vulgarisiert«.
Zu der neuesten Erkenntnis, daß die Qualität der vom Menschen hervorgebrachten Umwelt sich beständig verschlechtert (auch wenn sie in einigen Fällen sich verbessert hat), kommen ein gewisses Gefühl der Hilflosigkeit gegenüber der Architektur und anderer Design-Berufe, der Zustand einer andauernden ›Krise‹ und gewisse Ängste, was die Zukunft der Entwurfstätigkeiten betrifft – alles Anzeichen für die kontroverse gegenwärtige Situation. Wie die Krisen der Vergangenheit muß auch die heutige Krise als Ergebnis der menschlichen Unfähigkeit gesehen werden, eine Umwelt zu schaffen, die frei von Repression ist.
Man kann nicht erwarten, daß Designer neue Lösungen finden für die bestehenden Probleme, die heute die Krise kennzeichnen, indem sie hoffen, allein in der zunehmend sich entwickelnden Technologie oder in Informationen aus anderen Wissensbereichen – wie zum Beispiel der Soziologie oder den Verhaltenswissenschaften – einen Ausweg zu finden.
Man muß klar erkennen, daß es dem Menschen noch nie gelungen ist, Unterdrückung und Bedrängnis durch Design *an sich* durch technologische Hilfsmittel oder durch eine striktere und schärfere »Logik« zu überwinden. Und zwar deswegen nicht, weil Unterdrückung und Bedrängnis niemals von dem Material herrührt, aus dem man Möbel macht, von den Farben eines Raums oder von der Art, wie eine Straße oder eine Reihe von Gebäuden angeordnet sind. Eine bedrängende Umwelt ist eine Umwelt, in der zuallererst und vor allem der Mensch den Menschen unterdrückt. Die Entwicklung der vom Menschen hergestellten Umwelt ist viel enger verquickt mit der Entwicklung des Menschen auf seiner Suche nach Freiheit als mit seiner Entwicklung auf der Suche nach Rationalität.
Während der letzten fünf Jahre ist die Architektur wieder in eine Krisensituation geraten. Diese jüngste Krise hat mehr Verzweiflung und Überraschung hervorgerufen als irgendeine der früheren. Vor noch nicht zehn Jahren schien es nicht den geringsten Hinweis darauf zu geben, daß irgend etwas in diesem Tätigkeitsbereich nicht stimmen könnte, und auf den ersten Blick schienen auch keine neuen Entscheidungen oder Alternativvorschläge erforderlich. Dann aber wurde ganz plötzlich der Architekt – im traditionellen Sinne – von jungen Abweichlern beschuldigt, in der Zwangsjacke seiner beruflichen Ausbildung und Praxis zu stecken. Diese Abweichler erklärten mit Entschiedenheit, daß innerhalb der bestehenden Grundvorstellungen von Design neue Ergebnisse nicht zu erwarten seien und daß die etablierten Designer, Architekten und Planer ihrer sozialen Verantwortlichkeit nicht mehr genügten.

Ein grundsätzlich neues Bewußtsein für das Bedrängende der von uns selbst hergestellten Umwelt machte sich in unserer zeitgenössischen Gesellschaft bemerkbar und führte zu neuen Definitionen von »Design und Umwelt«, während die Architektur als Berufsstand eine Periode zeitweiliger Stabilität und Selbstsicherheit erlebte. Die »Moderne«, die Baubewegung der zwanziger Jahre, hatte sich endlich, nach langem Ringen um ihre Existenz, als maßgebende Architekturrichtung durchgesetzt. Die überzeugenden und kämpferischen Persönlichkeiten an ihrer Spitze hatten hart gearbeitet, um dem Designer ein starkes und beständiges Selbstverständnis in der Gesellschaft zu sichern. Sie schrieben der Zunft der Architekten Ziele und Methodologien vor. Sie schufen Prototypen als strikt zu befolgende Regeln und versuchten sogar, die Geschichte der Architektur von ihrem Standpunkt aus neu zu schreiben. Sie waren der Ansicht, daß die Architektur weit genug fortgeschritten sei, während die Gesellschaft mit der Umsetzung der von den Architekten – den Experten – gegebenen Empfehlungen hinterherhinke. Siegfried Giedion, zum Beispiel, einer der wichtigsten Propagandisten der Bewegung, klagte: »Als Haussman Paris umformte, stellte er fest, daß es keine lebenden Architekten gab, die der ›Neuen Zeit‹ entsprachen. Im heutigen Paris scheint die Situation genau umgekehrt zu sein: Es gibt Architekten, aber keine leitenden Beamten, die den Möglichkeiten der Epoche gewachsen sind.«[1]
Die Meister der Moderne erweckten den Eindruck, daß nach ihnen nichts mehr zu denken oder zu sagen übrig bliebe. Die Aufgabe der kommenden Generationen war es, zu bauen und in die Tat umzusetzen. Bei einem Architektur-Symposium über Stadt-Design an der Yale University 1965 erklärte ein prominenter zeitgenössischer Historiker, wir lebten in einer Zeit der »milden Manifestler«, Revolutionen seien vorüber. Keine heftige Abweichung von dieser Denkrichtung in der Architektur schien also in naher Zukunft zu erwarten. Fünf Jahre später hatte sich die Situation radikal verändert. Revolten und Auseinandersetzungen innerhalb der Gesellschaft waren geläufige Erscheinungen, und in ihrem Gefolge brachen die Denkmodelle der Modernen und ihr Selbstverständnis, die sie mit so viel Mühe durchzusetzen versucht hatten, total zusammen. Die Abweichler nahmen zwei verschiedene Positionen ein: Entweder behaupteten sie, daß Design in seiner gegenwärtigen Form eine rückwärtsgewandte Tätigkeit sei, und verlangten die Erneuerung der Ziele und eine Verwissenschaftlichung der Methoden. Oder sie beschuldigten die traditionell eingestellten wie auch die wissenschaftlich orientierten Designer, sich repressiven Autoritäten zu unterwerfen und also auch repressive Umwelten hervorzubringen. Die Dauer des eigentlichen Kampfes war kurz, aber die Wunden, die er geschlagen

hat, sind tief. Das Vertrauen in die Design-Tätigkeiten in ihrer bisherigen Form ist zerstört.

Diese Reaktion wurde von den vom Status quo überzeugten Architekten als Ausdruck zielloser destruktiver Ausbrüche betrachtet, die sich gegen die Leistungen der vorangegangenen Generation richteten. Etablierte Architekten fanden es angesichts dessen, was die Meister des Neuen Bauens – Le Corbusier, Gropius, Mies van der Rohe, Aalto, um nur einige zu nennen – vollendet hatten, unbegreiflich, daß eine jüngere Generation Gründe zu ernsthaften Klagen und abweichenden Vorstellungen haben sollte. Wenn die Lehren der großen Meister nicht völlig verwirklicht worden waren, so hing ihre endgültige Durchsetzung nur von »institutionellen Restriktionen« ab, also nicht von der Architektur selbst. Der etablierte Berufsstand argumentierte so: Nie zuvor habe die Rationalisierung der Bautechnologie und des Design einen so hohen Grad erreicht; diese Verbesserung, so meinte man, sei ein Ergebnis der Bemühungen des Neuen Bauens. Es sei nur eine Frage der Zeit, daß die Architekten gewisse Konflikte und verbliebene Engpässe in der Bauindustrie ebenso wie einige störende Widersprüchlichkeiten und praktische Mängel überwunden haben würden. Was not täte, seien mehr Kontinuität und größere Anstrengungen in der bereits in der Architektur eingeschlagenen Richtung, nicht aber eine Neustrukturierung der Profession von Grund auf.

Wenn wir bei der Betrachtung der Baugeschichte während der letzten fünfzig Jahre andererseits Bewertungskriterien akzeptieren, die sich von den offiziell vom Berufsstand akzeptierten unterscheiden, stellen wir fest, daß der Beitrag der »Meister« nicht ganz so positiv zu bewerten und die entstandene Umwelt-Situation nicht ganz so befriedigend ist. Nachteile zeigen sich, die es niemals vorher gab. Der Beitrag des Neuen Bauens hat die Menschen um nichts glücklicher gemacht. Es ist interessant festzustellen, daß die Menschen sich durch gewisse neue Unzulänglichkeiten der Nachteile bewußt wurden, die es vorher innerhalb der von Menschen hergestellten Umwelt nicht gegeben hatte. Das Neue Bauen hat diese Nachteile nicht nur nicht beachtet, sondern manchmal sogar wesentlich dazu beigetragen, daß sie sichtbar wurden. Zum Beispiel führte die Aufteilung menschlicher Tätigkeiten in bestimmte Funktionszonen und die Anwendung des sogenannten Offenen Planens, die funktionale Nutzung jeglichen Raums wiederum zu der Einförmigkeit und Monotonie der Städte, zu der Vergewaltigung privater Bedürfnisse in den Großsiedlungen und überhaupt zu der Sterilität und Starrheit alles Gebauten. Es zeigte sich, daß die moderne Baubewegung alle diese Ergebnisse nicht zur Kenntnis nahm, ja, daß man diese Erscheinungen in der Architektur bislang nicht einmal erwogen hatte.

Eben diese Tatsache führte zu der Gegenbewegung, die sich für eine wissenschaftliche Durchdringung und Rationalisierung der Architektur einsetzte. Die Befürworter dieser Tendenz forderten eine wissenschaftliche Neudefinition der Grundbegriffe von »Design« und »Umwelt«. Man erwartete, daß die Anwendung wissenschaftlicher Methoden in Zukunft solche Unterlassungen verhindern würde, da ja, wie man meinte, die zunehmende Unzulänglichkeit des traditionellen Design sich aus überholten Methoden herleiten ließ. So zutreffend solche Kritik auch die Begrenztheit traditioneller Architektur bloßlegen mag, sie ist in sich selbst begrenzt. Sie befaßt sich nur mit Oberflächenaspekten des Funktionierens von Design und beachtet die ungeheure Wirkung nicht, die Design auf die sozialen Beziehungen der Menschen hat, und ebensowenig seinen Einfluß auf die Organisation der Macht in der Gesellschaft. Kein Wunder also, daß »wissenschaftliches Vorgehen« auf dem Gebiet der Architektur ebenso hoffnungslos sein kann wie die Methoden, die es ersetzt. Christopher Alexander, der als einer der ersten mit Entschiedenheit gezeigt hat, wie Design »wissenschaftlich« werden könne, gab kürzlich in einem Interview zu erkennen, daß er »nicht einmal mehr die Literatur« über »Design-Methodologien« brauche.[2]

Andererseits wiederum manifestiert sich gerade in der Krise der gegenwärtigen Architektur und in der dringenden Suche nach neuen Design-Methoden das Verlangen, die Unterdrückung des Menschen aufzuheben. Man kann also die Design-Methoden nicht verbessern, wenn man sie von der Rolle trennt, die sie für die Organisation der Macht in der Gesellschaft spielen. Verbesserungen der Methodologie können nur gemessen werden an dem, was sie beitragen, um die Unterdrückung des Menschen durch den Menschen auszuschließen. Der Wunsch, »die Umwelt« – als solche – »zu verbessern«, ist eine »historische Idee«, es ist ein Gedanke, der sich erst kürzlich entwickelt hat und den man nicht als selbstverständlich ansehen sollte.

Es ist sehr fraglich, wie in diesem Essay gezeigt werden soll, ob sich eine neue konkrete Vorstellung von einer repressionsfreien Umwelt als Erzeugnis von Design ausbilden kann, ehe eine neue gesellschaftliche Organisation wirksam wird. Ebenso fraglich ist es, ob sich die Art, wie Entscheidungsprozesse im Bereich des Design in einer repressionsfreien Umwelt vor sich gehen, unabhängig von den Prozessen beschreiben lassen, die zu einer gesellschaftlichen Reorganisation führen. Diese beiden Fragen haben den Eindruck hervorgerufen, die Kritiker der heute üblichen Architektur-Handhabung wollten die Architektur überhaupt abschaffen. Dies ist ein Mißverständnis.

Die Beziehungen zwischen Zielen und Design-Methodologien sollen hier entsprechend der jeweiligen historischen Entwicklung beschrieben werden. Zunächst aber muß geklärt werden, was unter der

sogenannten Design-Theorie verstanden werden soll. Design-Theorie, mit der sich zum Beispiel dieser Essay befaßt, ist weniger gekennzeichnet durch die Frage, welche *Form* ein bestimmter Teil eines Gebäudes haben soll, als vielmehr durch die Frage, welcher *Art die Entscheidungen* sind, die über das Design des Gebäudes getroffen werden. Design-Theorie beschäftigt sich mit den Gründen, durch die eine Design-Entscheidung erklärt, gefordert oder überprüft wird, zum Beispiel auch mit der Übernahme oder Erfindung einer Form in einem Bauwerk. Sie hat mehr zu tun mit der Erforschung einzelner Systeme von Entscheidungsprozessen im Bereich des Design als mit der Formulierung verschiedener Design-Entscheidungen an sich.
Andererseits will ich mich in diesem Essay wiederum nicht ausführlich über Entscheidungsprozesse im Bereich des Design äußern, die ein Gegenstand von höchst technischer Beschaffenheit sind. Was ich hier analysieren, ist der Bereich, sind die Grenzen, in denen die verschiedenen Design-Systeme wirksam werden, die Hypothesen und Grundvorstellungen, auf denen sie beruhen, die grundlegenden Motivationen des sozialen Gefüges, innerhalb dessen und für das sie stattfinden. Mein Verfahren, dabei von der Entwicklung auszugehen, könnte zu der falschen Vorstellung führen, daß es eine Abfolge determinierender Zustände gibt, die jede Gesellschaft oder jede Architektur zu durchlaufen hat. Was ich daher zu zeigen versuchen will, ist, daß es tatsächlich *historische* Vorstellungen und »Denkkategorien« gibt, die, wie ich bereits erwähnt habe, zu der Entwicklung der Machtorganisation in der Gesellschaft gehören. So sind zum Beispiel die Methodologien und Ziele, die vor dem 18. Jahrhundert die Architektur beherrschen, vollkommen irrelevant für die Methoden und Ziele des gegenwärtigen »rationalistischen« Design. Es gibt aber Architekturhistoriker und -theoretiker, die fälschlich behaupten, daß die Architektur aus der Zeit vor dem 18. Jahrhundert die gleichen Ziele und Methodologien im Design-Prozeß angewandt habe wie der moderne Design-Rationalismus – allerdings, ohne es zu wissen. Es ist darüber hinaus gesagt worden, daß ganz allgemein das seiner selbst nicht bewußte Design (wie die ihrer selbst nicht bewußten Kulturen) dem bewußten Design in einer einzigen geraden Entwicklungslinie vorausging. Weiterhin wird festgestellt, daß Entscheidungen im Bereich des Design in der »vorbewußten« oder »archaischen« Epoche mit Intuition, Instinkt, Geschmack und Glück getroffen wurden, man dabei aber die gleichen Grundvorstellungen anwandte, wie auch die wissenschaftsorientierten modernen Designer sie verwenden; mit dem Unterschied, daß dies nicht systematisch, nicht durch »rationales« Denken geschah. »Rationalisten« halten die Regelmäßigkeit, die solche Design-Erzeugnisse kennzeichnet, für das Ergebnis von Auswahl und Aussonderung und einer mechanischen Wiederholung ge-

lungener Design-Entscheidungen aus dem Gedächtnis. In dieser Anschauung erscheint der Design-Prozeß lediglich als eine Folge von Reizen und Reaktionen, wird das Denken einer bloßen Anwendung fragmentarischer Erfahrungen gleichgesetzt.[3]
Der Mythos von solchen »unbewußten« Kulturen im Zusammenhang mit Design hat seinen Ursprung im Funktionalismus des 19. Jahrhunderts, der von seinen Nachfolgern im 20. Jahrhundert weitergetragen wurde. Geoffrey Scott zum Beispiel behauptet, »der Stil der Renaissance...« sei das Ergebnis von »... Geschmack, der keine Logik, Konsequenz oder Rechtfertigung sucht, außer der, Vergnügen zu bereiten.«[4] Dieser Gedanke ist nicht nur, wie wir sehen werden, historisch falsch, sondern führt außerdem zu irrigen Schlüssen auf die »Überlegenheit« zeitgenössischer gegenüber archaischen Design-Theorien. Das gehört, wie Karl Polanyi sagen würde, gleichfalls »zu der Gewohnheit, auf die letzten zehntausend Jahre und auf die Ordnungen und Selbstdarstellungen früher Gesellschaften zurückzublicken wie auf ein bloßes Vorspiel zu der eigentlichen Geschichte unserer Zivilisation, die etwa 1776 von ‹Wealth of Nations› von Adam Smith begonnen hat«.[5]
Obgleich diese Vorstellung gerechtfertigt zu sein scheint durch die offenkundige Notwendigkeit, Menschen aus unterentwickelten Zivilisationen zu helfen und menschliche Unterdrückung zu mildern, ist da offenbar eine tiefere Kraft am Werk. Es ist der Wunsch, Menschen, die, allem Anschein nach, auf eine ganz selbständige Weise zurechtkommen, einem gänzlich anderen kulturellen System zu unterwerfen, das gelenkt wird durch die Macht der Privilegierten der technologischen Kultur des Westens. Von diesem System wird das heute übliche, rationalistische Verfahren als das einzige empfohlen, bei dem Designer über Zielvorstellungen verfügen und wissen, was sie tun. Zusätzlich werden irreführende Schlüsse im Hinblick auf das rationalistische System gezogen, indem nämlich als sicher angenommen wird, daß es aus einem einzigen, wenn auch komplexen Prozeß von Faktenauswahl und mechanischer Verifikation besteht und keine Abhängigkeiten, vorgefaßte Annahmen, Wertsysteme, Machtmotivationen oder irgendeine Art von Zufälligkeit zuläßt.
Zur Hypothese vom »unbewußten Design« mag vielleicht geführt haben, daß es »blinde Augenblicke« in der Geschichte gibt, in denen das Gesamtsystem der Design-Entscheidungen sich aufgelöst hat, in denen aber noch im Sinne gewisser fragmentarischer Aspekte dieses Systems weitergearbeitet wird. In solchen Fällen können Entscheidungen gewissermaßen automatisch getroffen werden, ohne daß ein Bewußtsein für das, was geschieht, erkennbar ist. Jede Erinnerung an die gedankliche Verbindung, die eine Entscheidung bewußt macht, ist dann schon völlig ausgelöscht. Eine gründlichere Untersuchung

der Herkunft solcher Erinnerungsfragmente würde allerdings offenlegen, welche starken Beziehungen zwischen diesen Fragmenten bestehen, sie würde den größeren bewußten und systematischen Rahmen zeigen, in den sie sich einfügen. Um dieses Argument zu unterstützen, beziehe ich mich auf anthropologische und kunsthistorische Forschungen. Dieses Material macht deutlich, daß die Entwicklung der Design-Theorie seit dem 18. Jahrhundert weder einen Fortschritt bezeichnet von einem Mangel an Information zu Kenntnissen noch von Unschuld zu Weisheit. Im Gegenteil diese Entwicklung schafft ein ganz anderes Selbstverständnis der Architektur, das durch eine neue Definition von Design und Umwelt gekennzeichnet ist. Das 18. Jahrhundert formulierte neue Zeile und Methodologien für Design, und zwar in dem ganz bewußten Wunsch, die alten zu ersetzen.

In der Folge des 18. Jahrhunderts wird, wie ich später zeigen werde, Design immer weniger als ein Prozeß verstanden, der die dingliche Umwelt zu erkennbaren Mustern strukturiert und so die Gesellschaft ordnet. Design ist vielmehr von nun an eine Tätigkeit, die gewisse nützliche Gebrauchsgüter hervorbringt und die sich in mehreren nützliche Dimensionen beschreiben läßt. Mittels dieser Tätigkeit werden höchst verwickelte gesellschaftliche Beziehungen in Bewegung gesetzt. Bevor ich nun im einzelnen die Art des Konflikts zwischen rationalen und nicht-rationalen Methodologien und die ihnen zugrundeliegenden Gesellschaftsordnungen – oder Machtstrukturen – beschreibe, will ich zunächst zeigen, worin eine archaische, nicht-rationale Design-Theorie eigentlich besteht; insbesondere will ich die prä-rationale Methodologie des Design beschreiben und zeigen, wie eine solche Theorie aus einem fundamental von unserem verschiedenen gesellschaftlichen System und aus einem ganz andern Bewußtsein für das, was Repression ist, hervorging.

Wichtig genommen werden sollte in diesem Zusammenhang der Begriff »rational«. Gemeinhin verstehen wir unter einer rationalen Aktion eine Handlungsweise, die den Grundregeln des Denkens, einem als **rational** bezeichnen. Wie Levi-Strauss und andere Anthropologen logischen Vorgehen entspricht. Wenn man diesen Gesichtspunkt akzeptiert, so läßt sich Design in den archaischen Gesellschaften fraglos von heute gezeigt haben, sind menschliche Hervorbringungen von jeher solchen logischen Regeln unterworfen gewesen. Der heilige Augustinus bezieht sich auf die Rationalität des Menschen als der Eigenschaft, die ihn befähigt, für ein Ziel zu kämpfen und seinem Verhalten Ordnung zu geben. Karl Polanyi bemerkt, daß »die Logik einer rationellen Handlungsweise (...) allen nur denkbaren Mitteln und Wegen innerhalb eines schier unendlichen Bereichs menschlicher Interessen eigen ist. Beim Schachspiel und in der Technologie, im religiösen Leben oder in der Philosophie können die Ziele von ganz ge-

wöhnlichen bis zu den abstraktesten und sehr komplexen reichen.«[6]
In diesem Essay will ich unter einer »rationalen« Handlungsweise eine solche verstehen, wie sie zum Verhalten des heutigen ökonomischen Menschen gehört, eines Menschen, der unter Bedingungen handelt, die ihm »die Knappheit der Mittel im Vergleich zu seinen zunehmenden Bedürfnissen«[7] auferlegt. Es läßt sich also sagen, daß archaische Designer nicht rational vorgehen, weil sie – obwohl sie die *Knappheit* gewisser Materialien erkennen – diese in der Praxis doch nicht zu *minimieren* vermögen; oder, anders ausgedrückt: weil – wenn sie auch den Bedarf an gewissen Annehmlichkeiten in Betracht ziehen – sie doch nicht den Versuch machen, diese Annehmlichkeiten in dem Erzeugnis, das sie vermitteln sollen, zu *maximieren*. Oder, ganz allgemein: *bewußte* »Verschwendung« und sein Befaßtsein mit unproduktiven Nebensächlichkeiten sind es, die den prä-rationalen Designer kennzeichnen. Ich will darzulegen versuchen, daß ein solches Verhalten der Designer in archaischen Gesellschaften – wie es bis ins 18. Jahrhundert hinein fortlebt – das Ergebnis allgemein akzeptierter Zielsetzungen ist, die unserem unmittelbaren Verständnis und unseren alltäglichen Gewohnheiten fremd sind, und nicht das Ergebnis von Barbarei, Rückständigkeit, Schwerfälligkeit und Unwissen. So läßt sich »prä-rationales« archaisches und prä-ökonomisches Design schließlich doch als »eine Variante (...) der Logik rationalen Vorgehens«[8] im allgemeinen definieren.

Das göttliche Modell

»‹Und was›, so fragst Du, ‹bewirken diese Bilder?› sagte Ogotemmêli. ›Es ist dies: Sie helfen den Pflanzen wachsen ... (sie sind) das eigentliche Feld.‹«[1]

Als erstes werde ich versuchen, die Architektur-Methodologien des Mittelalters und der Renaissance zu analysieren und mich dabei auf ihre prä-rationalen, prä-ökonomischen Charakteristika nur beziehen, um ein allgemeines Bild von dem zu entwerfen, was ich von nun an ›prä-rationales Design‹ nennen will. Ich habe, um diesen Begriff einzuführen, gerade diese Epochen ausgewählt, weil für sie ein umfassendes Beispiel-Material aus der baugeschichtlichen Forschung zur Verfügung steht. Außerdem bilden die Design-Theorien des Mittelalters und der Renaissance einen guten Kontrast zu den Theorien der rationalen Bewegung des 18. Jahrhunderts, die ich später vorstellen werde.

Viele Architekten des Mittelalters und der Renaissance teilten die Überzeugung, daß Kirchen und andere Bauten einer ganz bestimmten Funktion nach Regeln errichtet werden sollten, die das »göttliche Modell« diktierte. Genauer gesagt: Eingehendere Untersuchungen der Renaissance-Traktate zur Architektur-Theorie zeigen, daß die beiden sich fundamental ähnlich waren in dem design-methodologischen Verfahren, das demnach zu mittelalterlichen Kathedralen so gut wie zu den Kirchen der Renaissance führte. Und dies, obgleich man lange Zeit die formalen Unterschiede zwischen mittelalterlichen Kathedralen und den Kirchen der Renaissance als Ausdruck des überwiegend säkularen Charakters der Renaissance (gegenüber der religiösen Tradition des Mittelalters) gedeutet hat. Es waren einzig der mangelnde Respekt vor geschriebenen Quellen der Epoche und eine Überschätzung des visuellen Ausdrucks, die die meisten Historiker des 19. und auch einige des 18. Jahrhunderts zu dem Schluß verführten, daß zwischen den architektonischen Zielvorstellungen des Mittelalters und der Renaissance ein totaler Bruch stattgefunden habe. Gewiß zogen einige Renaissance-Architekten einige andere Aspekte in Betracht als die mittelalterlichen. Sie verwendeten Werkzeuge und Ausdrucksmittel, die für das mittelalterliche Denken neu und fremd waren. In dieser Hinsicht vor allem weicht die Renaissance-Architektur von der prä-rationalen ab und bereitet der aufkommenden rationalen Verfahrensweise so den Weg. Aber immer noch gibt es Ähnlichkeiten, und die Tradition ist stärker als man auf den ersten Blick meint. Beide Epochen postulierten, daß gewisse Bauten nach absoluten, von Gott bestimmten Regeln gestaltet würden. So wie Gott für das Mittelalter der »Architekt des Weltalls« war, »elegans archi-

tectus«,[2] dem der Mensch als Entwerfer zu gehorchen hatte, so galt der Architekt in der Renaissance als »Halbgott« (»come semidei«),[3] wenn er sich Gottes Schöpfungen anglich.
Die Architektur-Regeln sollten das Bindeglied zwischen dem vom Menschen entworfenen Erzeugnis und dem göttlichen Modell sein. Daher hatten Untersuchungen auf dem Gebiet der Architektur das Ziel, zwei Aufgaben zu erfüllen: Die Struktur des göttlichen Modells zu erkennen und Mittel zu erfinden, um dieses Modell in den Erzeugnissen der Architektur in die Wirklichkeit umzusetzen. Ein vom Menschen gemachtes Erzeugnis ist »wahr« oder »harmonisch« oder »vollkommen«, wenn es »dem Maß entspricht«, wenn es mit dem geweihten Prototyp übereinstimmt.
Diese These wird ganz ausdrücklich in den Schriften einiger Design-Theoretiker, Architekten und Theologen dargelegt. Ich werde bei meinem Versuch, die prä-rationalen Grundansichten darzustellen, wie sie in der Architektur des Mittelalters und der Renaissance wirksam werden, hauptsächlich die Schriften des heiligen Augustinus heranziehen.
Eine wesentliche Hypothese Augustinus' ist, daß das göttliche Modell nicht aus »natürlichem« Stoff gemacht ist, obgleich es gegenwärtig ist, »enthalten und verborgen im heimlichen Schoß der Natur«.[4] Es besteht aus »reinen« Beziehungen, ist ein »Gewebe der Elemente«[5], »aufgeteilt in bestimmte Maßeinheiten«[6], »rhythmisch geordnet«[7], zusammengesetzt aus »Zahl und Maß und Gewicht«; es ist reine »Struktur«, die allein durch ihre Manifestation körperlich wird. Diese Struktur, auf die sich Augustin manchmal als »Rhythmus« beruft, liegt der gesamten natürlichen Umwelt zugrunde, »dem Himmel, der Erde, dem Meer und allem, was darin leuchtet oder darüber kriecht, fliegt und in ihren Tiefen schwimmt.«[8] Das göttliche Modell ist auch im Menschen zu finden. Der einzelne kann es in der äußeren Welt wiedererkennen, indem er sich auf das bezieht, was in ihm ist.[9]
Design ist – nach Augustinus – die »Gelegenheit«, durch die diese verborgenen Strukturen in der Natur »in Erscheinung treten«. Daher ist die vom Menschen gemachte Welt eine »Entfaltung« des göttlichen Modells, eine Demonstration seiner vollkommenen »Wahrheit und Harmonie«. Die Grundstruktur des göttlichen Modells spielt die Rolle des »unsichtbaren Samens«, aus dem »alle Dinge im Laufe der Zeit wachsen werden«, oder aus dem sie bereits hervorgewachsen sind.[10] Architektur ist eine Tätigkeit, die »Gelegenheit gibt«, das göttliche Modell sichtbar zu machen. »Denn, so wie Mütter mit Kindern schwanger gehen, so ist die Welt schwanger mit Dingen, die geboren werden wollen.«[11]
Design wird ganz allgemein als ein Prozeß verstanden, durch den mit Hilfe von »Zahl, Größe und Grad« Analogien zu jenem Modell her-

vorgebracht werden »in Raum und Zeit«.¹² Die von Menschen gemachte Umwelt wird definiert als eine Ansammlung von Zeichen im Raum, als eine dreidimensionale graphische Ordnung, die der göttlichen Struktur ähnelt. Das göttliche Modell »Wahrheit« hat durch ihre Manifestation in der von Menschen gemachten Umwelt die Kraft, den Menschen zu »erlösen«. Und menschliche »Freiheit ist es, uns dieser Wahrheit zu unterwerfen«.¹³ Der eigentliche Grund für das Entstehen von Design-Erzeugnissen ist also, die Menschheit zu erlösen, und zwar dadurch, daß sie in die Struktur des göttlichen Modells einbezogen wird. Die dingliche Welt ist zeitlich, sie kann vergehen; nur die ihr zugrundeliegende Struktur ist »dauerhaft«, »unerschütterlich« und »unzerstörbar«.¹⁴

Wenn also die vom Menschen entworfene Umwelt »nach Maß, Zahl und Gewicht«¹⁵ geordnet ist und alle ihre Teile in ihrer »Begrenzung, Art und Dauerhaftigkeit« festgestellt sind¹⁶, ist zu erwarten, daß sie eine gewisse Dauer und Festigkeit erreicht. Von Übel ist es, wenn Begrenzung, Art und Ordnung verlorengehen.¹⁷ Dann ist sie »weniger, als sie sein sollte oder so, als gehöre sie nicht zu dem, wozu sie gehören sollte, oder (...) unangemessen und unharmonisch«.¹⁸ Design bekämpft das Übel, indem es der menschlichen Umwelt die fehlende »Begrenzung, Art und Ordnung« zurückgibt. Je weiter die Entfernung des Menschen und seiner Schöpfung, der von ihm gemachten Umwelt, von Gott ist, desto weniger ähneln sie dem göttlichen Modell, desto mehr werden sie vom »Nichts« bedroht, von der »Finsternis«, von »Herabwürdigung« und »Tod«.

In den Zielen der Design-Tätigkeit drückt sich die menschliche Fähigkeit aus, als »Vernunftwesen« »besser zu werden«, indem der Mensch »Gott nachstrebt« und ihm »nahekommt«, »teilhat an ihm«, ja »sich mit ihm vereinigt«.¹⁹ »Das Streben zu Gott ist daher das Verlangen nach Glückseligkeit«.²⁰ Dies wiederum ist Teil eines allgemeinen Gesetzes des Universums, nach dem »alle Dinge nur bestehen, damit sie als höchstes Ziel Gott ähnlich werden«. »Alle Dinge streben in allen ihren Bewegungen und Handlungen nach einer Ähnlichkeit mit Gott als ihrem höchsten Zweck«.²¹

Das Design-Erzeugnis, die vom Menschen hervorgebrachte Umwelt, wird als eine Anzahl dreidimensionaler Muster – analog zum göttlichen Modell – definiert. Da die Übereinstimmung zwischen dem Prototyp und dem Erzeugnis durch Geometrie hergestellt werden kann, ist Geometrie ein unerläßliches Werkzeug des Design. »Design ist angewandte Geometrie.«²²

Zusätzlich zu der Herstellung von Analogien lieferte die Geometrie fertige Prototypen, die nachgeahmt werden konnten. Das Quadrat, der Kubus, der Kreis, die Kugel zum Beispiel wurden als einige der Elemente des göttlichen Modells verstanden; so erklärt sich die Notwendigkeit, sie in die Gestaltung von Bauten einzubeziehen. Diese besondere Übersetzung, die sich in den Schriften der Pythagoreer, bei Plato, einigen anderen Autoren der Antike und in der Bibel findet, wurde im Mittelalter und ganz besonders in der Renaissance wiederbelebt und bekräftigt.

Während des Mittelalters entdeckte zum Beispiel Boethius die »geometrische Harmonie« im Kubus, die Platoniker von Chartres empfahlen seine Proportionen (das Verhältnis der Anzahl seiner Flächen Eckpunkte und Kanten, 6:8:12, steht in Beziehung zu Oktave, Quint und Quart), Villard de Honnecourt forderte als angemessene Form für den Grundriß eines Klosters das halbe Quadrat, damit es »dem wahren Maß entspreche«. Matthew Roticer enthüllte schließlich Ende des 15. Jahrhunderts das bis dahin geheimgehaltene System, nach dem die Architekten ihre formalen Entscheidungen getroffen hatten. Es beruhte, »entsprechend dem wahren Maß«, auf dem alleinstehenden Quadrat.[23] Es gibt zahllose solcher Hinweise.[24]

Auch während der Renaissance glaubten die Architekten weiter an die Existenz eines vollkommenen, ewigen Prototyps und an die Verpflichtung der Designer, ihm nachzustreben. Kennzeichnend für die Renaissance war die wissenschaftliche Beschäftigung mit dem menschlichen Körper, aus dem die Architekten die Struktur des göttlichen Modells abzuleiten hofften. Man widmete dem menschlichen Körper darum mehr Aufmerksamkeit, weil man meinte, »daß sich aus dem menschlichen Körper alle Maße und ihre genaue Bestimmung ableiten ließen und daß in ihm jede Beziehung und jede Proportion zu finden sei, durch die Gott die innersten Geheimnisse der Natur enthüllt«.[25] Francesco Zorzi hat ein ganzes Kapitel seiner Kosmologie der Frage gewidmet »Warum der Mensch in der Figur des Kreises das Bild der Welt« ist.[26]

Aber diese Denkrichtung war kein Bruch gegenüber der entscheidenden mittelalterlichen Begründung für Design. Im Gegenteil, sie bestärkte die Tradition, indem sie sich auf ein ganz bestimmtes Objekt, den menschlichen Körper, konzentrierte, um so die Struktur des göttlichen Modells zu extrapolieren. Michelangelo bemerkte:
»Nē Dio, sua grazia, mi sie mostra altrove Più che'n alcun leggiardo e mortal velo; E quel sol amo, perchē in lui si specchia.«
(»Nirgends enthüllt Gott, der Gnadenreiche, sich mir deutlicher, als in einer schönen und vergänglichen Form; und diese Form liebe ich, weil sie Ihn widerspiegelt.-«)

Ähnliche Argumente finden sich bei einer ganzen Reihe von Renaissance-Designern.[27] Das Studium des menschlichen Körpers bestimmte ganz konkrete Design-Entscheidungen und beeinflußte dadurch die Gestaltung von Gebäudeteilen und die Entwicklung neuer Gebäudetypen. Es war vermutlich einer der Faktoren, die zur Entstehung des

sakralen Zentralbaus führten. Es war auch eine der Gründe für die Besessenheit mancher Renaissance-Architekten von Kreis und Quadrat. Diese Formen wurden als wahre, harmonische und vollkommene Elemente angesehen, da das göttliche Modell aus ihnen errichtet war. Der Architekt mußte sie also soviel wie möglich in seinen Bauten verwenden.[28]
Leonardo hat uns eine ganze Reihe von Zeichnungen zu sakralen Zentral-Bauten hinterlassen. Begründungen der Vorliebe für Kreis und Quadrat, wie die Serlios (»Ich fange mit der Kreisform an, denn sie ist die *vollkommenste* unter allen *Formen*«) finden sich bis ins 18. Jahrhundert.[29] Noch 1715 tat Colen Campbell folgende Äußerung, um die Form einer Kirche zu rechtfertigen: »Der Grundriß ist auf ein Quadrat und einen Kreis in seiner Mitte reduziert, welche (...) die *vollkommensten Gestalten* sind.«[30]
Die Architekten des 19. und 20. Jahrhunderts suchten in der Technik oder in ästhetischen Begründungen eine Rechtfertigung ihrer eigenen Ziele durch die mittelalterliche oder die Renaissance-Architektur. Aber inzwischen sind genug Dokumente dafür bekannt, daß sie »Türme bauen wollten (...), so als habe Gott der Herr im Paradiese mitten auf seinem Thron Modell gesessen, umgeben – gemäß der Apokalypse – von den vier Evangelisten; und eben dies ist der Grund, weswegen sie errichtet wurden.«[31]
Aus den wenigen Beispielen, die hier angeführt wurden, und aus einer großen Anzahl weiterer, die der Leser leicht in den zitierten Quellen finden kann, wird klar, daß Design sich bewußt vollzog (das heißt in Übereinstimmung mit dem göttlichen Modell, dem man sich durch eine sorgsam abgewogene Verwendung einer Reihe ganz bestimmter Regeln anzunähern versuchte). Mindestens gilt das für die typischen Bauten (Kathedralen usw.), die von den Theoretikern des Mittelalters und der Renaissance in ihre Überlegungen einbezogen wurden. Wenn mittelalterliche Kathedralen im Sinne gewisser Vorurteile des 19. und 20. Jahrhunderts gedeutet werden, statt in dem ihnen entsprechenden Sinne, so erscheinen sie nur als nicht-bewußte Versuche, um »ästhetische« oder »technische« Ziele zu erreichen. Aber das ist irreführend, denn solche Überlegungen lagen den eigentlichen Absichten jener Designer und auch dem Verständnis der Benutzer ganz fern. Die Architektur-Theorien des Mittelalters und der Renaissance, die hier kurz beschrieben wurden, sind keineswegs einzigartig in der Geschichte des Design für die von Menschen gemachte Umwelt. Es gab Kulturen, die ähnliche Methodologien, aber aufgrund ganz anderer kosmologischer Modelle, entwickelt haben. Am Beispiel der Architektur des Mittelalters und der Renaissance habe ich zu zeigen versucht, wie die Kirche als Spiegelbild des aus geometrischen Beziehungen und Proportionen bestehenden göttlichen Mo-

dells betrachtet und wie eine konsequente Methodologie auf dieser Annahme aufgebaut wurde. Diese prä-rationale Auffassung von Design muß jedoch nicht ausschließlich auf eine ganz bestimmte Art von Bauten angewandt werden; es kann sich auf die Gesamtheit der von Menschen geschaffenen Umwelt beziehen.

Das folgende Beispiel zeigt, wie in einem anderen Falle ein göttliches Mogell Design-Entscheidungen determiniert, die wiederum die gesamte von Menschen gemachte Umwelt in allen ihren Manifestationen beeinflussen.[32]

Im afrikanischen Staat Dogon bilden das kosmologische Modell, die Design-Methodologie und das entworfene Erzeugnis (worunter die gesamte von Menschen geschaffene Umwelt verstanden wird) einen festen Zusammenhang. Das göttliche Modell besteht, nach Aussagen der Leute von Dogon, aus einer Sammlung von Symbolen und Mythen. Ähnlich wie der heilige Augustinus glaubt die Bevölkerung von Dogon, daß diese Mythen und Symbole ihre Entsprechung in der Ordnung finden sollen, die jedem einzelnen Teil der von Menschen hergestellten Umwelt zugrundeliegt. Und tatsächlich sind diese menschlichen Erzeugnisse Wiederholungen und Erweiterungen des göttlichen Modells.

Die in Dogon angewandte Methodologie ist den Architektur-Theorien der Renaissance dadurch ganz besonders ähnlich, daß auch hier der menschliche Körper als Gegenstand der Natur angesehen wird, aus dem die wesentlichen Strukturen des kosmologischen Modells

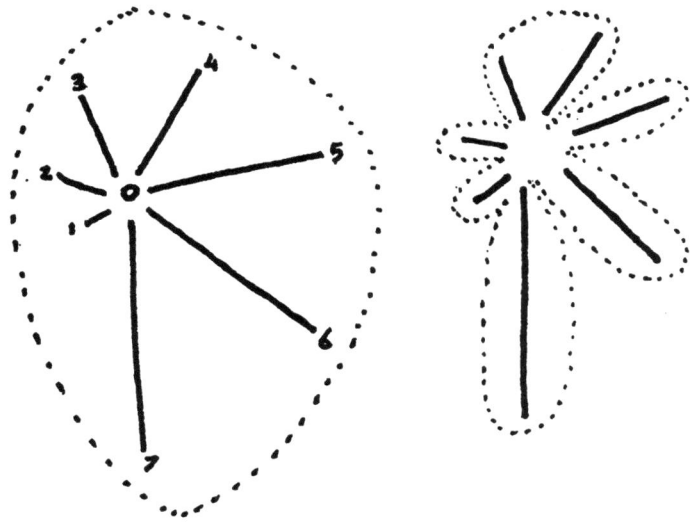

durch Analogieschluß abgeleitet werden.»Der Mensch ist ›der Samen‹ des Weltalls... (Nommo)... Er war vorgebildet in dem Samen... dessen Bewegungen und Ausbreitung die Welt hervorgebracht haben... Der ursprüngliche Samen brachte zunächst das umgekehrte Bild des Menschen hervor, der Mensch stellt in seiner eigenen Person das Bild des Samens dar... (er) ist das Bild nicht nur vom Anfang aller Schöpfung, sondern auch das Bild des bestehenden Universums.«[33] In dem Zeichensystem von Dogon gibt es ein Diagramm, das »Leben der Welt« heißt und nebeneinander den Mikrokosmos des Menschen und die Ordnung des Universums darstellt.[34] (Abb. 1) Aber der Mensch kann diese Ordnung stören und zerstören. Er kann Einfluß nehmen auf seine Stammesangehörigen, seine Familie, seinen Klan, sein Volk. Unordnung kann »aufgehalten und aufgehoben« werden, indem man sie umkehrt und die Struktur des göttlichen Modells durch Design wiederherstellt. So ist »Unordnung« für die Leute von Dogon eine Vorstellung, die dem augustinischen »Übel«, dem »Verlust von Begrenzung, Art und Ordnung« sehr nahekommt. Das kosmologische Modell ist auf Einheiten aller Größen anwendbar. Die »Ordnung der Erde (ganda yegru) ist nicht nur auf alle Menschen übertragbar; jeder Stamm und jede kleinere Gruppe muß die gleichen Einteilungen zeigen und (...) in jedem einzelnen wiederholt sich das ganze System«. Und weiter: »Das Land der Dogon ist soweit wie möglich in Übereinstimmung« mit dem kosmologischen Modell geordnet. Die Felder werden nach der gleichen Methode aufgeteilt, gerodet und bearbeitet. Ähnlich sind die Distrikte und die Dörfer angelegt (Abb. 2). »Nicht allein das Dorf ist anthropomorph, sondern jeder einzelne Teil oder Abschnitt eines Dorfes ist eine vollständige und für sich bestehende Einheit und muß, soweit wie möglich, nach dem gleichen Muster angelegt sein wie das Ganze.»Die Häuser ebenso wie die Zwischenräume, die sie trennen, sind entsprechend dem kosmologischen Modell angeordnet.« Die ganze Anlage ist »in einem Oval enthalten (...), das die große Placenta nachahmt, aus der im Laufe der Zeit alles hervorgegangen ist: Zeit, Raum, alle lebenden Geschöpfe und überhaupt alles, was in der Welt besteht.« Der Plan für ein Haus soll einen auf seiner rechten Seite liegenden, im Zeugen begriffenen Mann darstellen. Jeder Teil des Hauses ahmt ein »ursprüngliches, eigenes Lebewesen nach, das aus seinem Erzeuger hervorsprießt und wächst.« Die Dogon übertragen die gleichen Regeln beständig auch auf ihre Kleidung und ihre Gebrauchsgegenstände; denn der »Stoff ist die Mitte der Welt«: darin »ahmt der Weber Nommo nach«; »so ist auch das große Hefe-Gefäß, das dem Häuptling gehört, ein Abbild der Welt (Abb. 3).«
Durch die andauernde Wiederholung der Struktur des kosmologischen Modells bildet sich ein zusammenhängendes Muster, das vom Indi-

design object	divine model
village	body
smithy	head
men's houses	head
family houses	chest
women's houses	hands
cone hollow stone	male female genitals
altars	feet

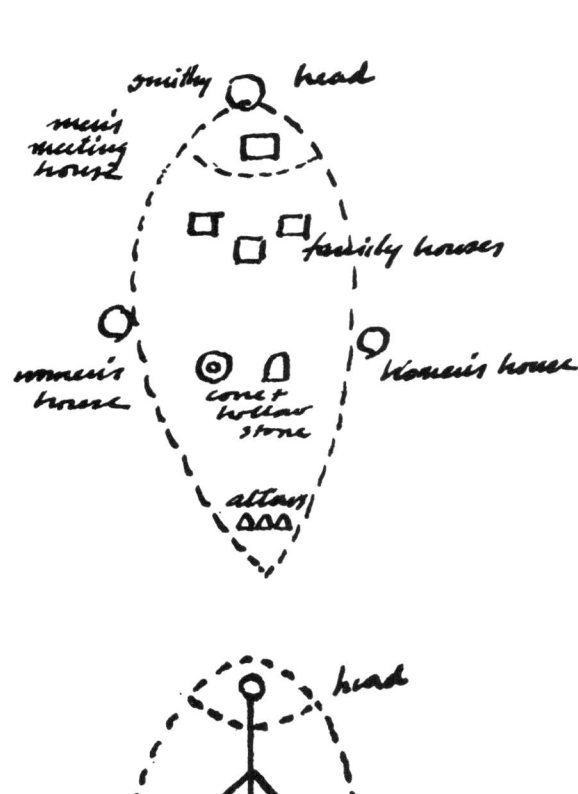

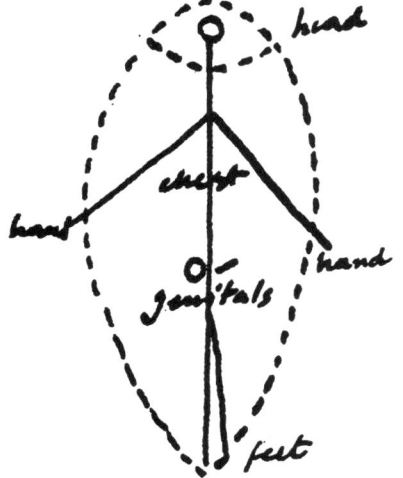

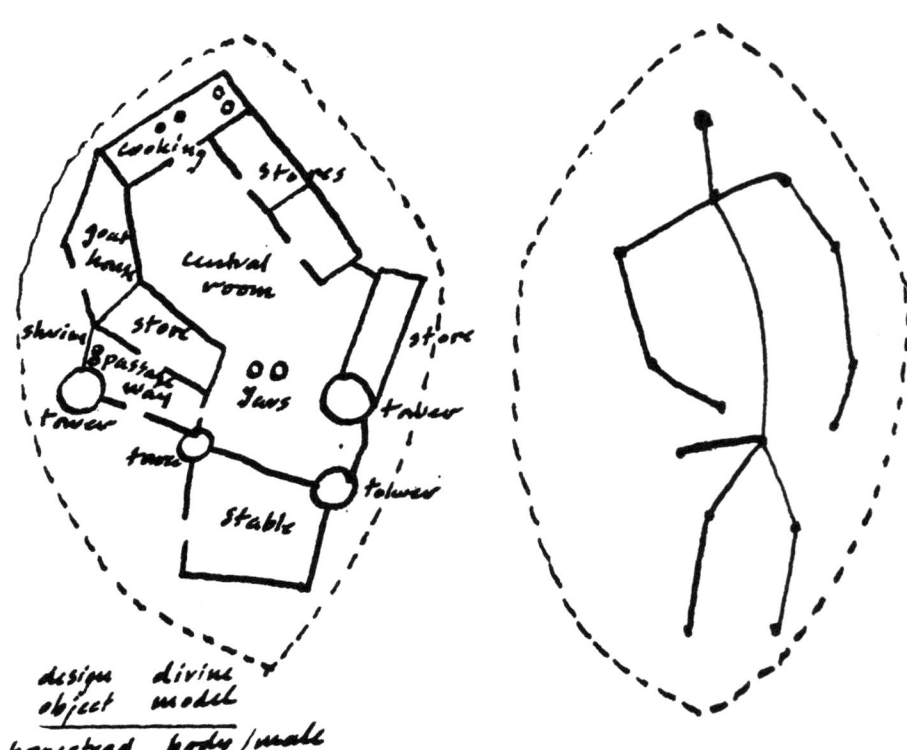

design object	divine model
homestead	body/male
cooking	head
stores	arms
goathouse	arm
central room	chest
towers	legs
stable	feet
jaws/passage/shrine	genitals

28

viduum bis zum gesamten Universum reicht. Wie in der Renaissance und im Mittelalter ist für die Dogon Design die Organisation von Materie im Raum, wodurch gewisse Regelmäßigkeiten – Beziehungen zwischen Körpern und leerem Raum – entstehen, die bevorzugt und akzeptiert werden, während andere ausgeschlossen sind. Während in der Renaissance und im Mittelalter die Struktur des göttlichen Modells aus geometrischen oder proportionalen Beziehungen besteht, ist in Dogon die Struktur des göttlichen Modells vor allem ein unaufhörlicher Zusammenhang. Mit anderen Worten, die Teile des Design-Erzeugnisses, zum Beispiel die verschiedenen Teile eines Hauses, müssen miteinander in Zusammenhang stehen – sie müssen eine topologische Beziehung haben – so wie die Teile des Körpers. In beiden Fällen ist die Ordnung, die so entsteht, eine Ordnung im Raum. Design-Methodologie wird als unabhängig von den menschlichen Absichten angesehen. Es ist ein unvoreingenommener, objektiver »Mechanismus, (der) so wirksam ist, daß, selbst wenn er von einem Fremden in Bewegung gesetzt wird, die Ergebnisse immer wohltätig sind.« Wie im Mittelalter und in der Renaissance, so sind sich die Bewohner von Dogon, wenn sie das kosmologische Modell nachahmen und eine darauf begründete menschliche Umwelt schaffen, der Ziele, die sie verfolgen, und der Methodologien, die sie dabei anwenden, mindestens so bewußt, wie moderne Designer es sein können. So wie die Materie bei den Dogon in Elemente gegliedert worden ist, die den vom göttlichen Modell vorgeschriebenen Beziehungen entsprechen, bilden die Mitglieder der Gesellschaft in Dogon Gruppen, die, in Übereinstimmung mit dem göttlichen Modell, untereinander in Beziehung stehen. Schließlich nimmt man an, daß auch die Tätigkeiten der Dogon einem abstrakten Muster folgen, das wiederum mit der Art zusammenhängt, wie das göttliche Modell entworfen ist. Das »tägliche Leben der Dogon spielt sich also auf einem Hintergrund ab, der die Welt im Kleinen darstellt«. Ähnlich ahmt der Priester mit seinen Handlungen in der mittelalterlichen oder der Renaissance-Kirche oder auch der Byzantinische Kaiser in seinem Palast das göttliche Modell der Christenheit nach (eine Tradition, die in den orthodoxen und katholischen Kirchen unserer Zeit fortgeführt wird). So folgt die Organisation der Mitglieder einer Gesellschaft zu Gruppen – ihrer Tätigkeiten zu bestimmten Kategorien und der dinglichen Umwelt, die sie alle umfaßt, zu Gestaltungen des Design – immer der gleichen Struktur, und zwar indem sie sich alle in dem, was sie jeweils hervorbringen, auf einen gemeinsamen Prototyp, das göttliche Modell, beziehen. Da in allen erwähnten Fällen die Organisation des Natürlichen in dem vom Menschen Geschaffenen visuell wahrgenommen wird, können wir uns auf diese geschaffene Ordnung als auf die visuelle Ordnung beziehen.

Die Design-Theorie der Bewohner von Dogon, ihre Anschauungen, was die vom Menschen hergestellten Erzeugnisse und was die ausdrücklichen Ziele des Design angeht, haben einige Charakteristika mit den Vorstellungen des Mittelalters und der Renaissance gemein. Insbesonders habe ich auf Ähnlichkeiten in ihrer Design-Methodologie hingewiesen, auf ihren Glauben an die Existenz eines durch eine abstrakte Struktur gekennzeichneten Modells und auf die Notwendigkeit, diese Struktur in Design-Erzeugnissen nachzuahmen. Die Art, wie sich diese Nachahmung manifestierte, war verschieden. Und auch die Spannweite der Beispiele variierte: Im ersten Fall waren es ganz bestimmte, für sich bestehende Bauten, im zweiten verschiedenartige, über eine ganze Region sich ausbreitende Erzeugnisse für alle Lebensbedürfnisse. An einer späteren Stelle dieses Essays werde ich einen allgemeineren Fall behandeln, der zugleich allgemeingültiger und abstrakter ist. Dieses Beispiel wird es leichter machen, die Regeln zu verallgemeinern, die es dem prä-rationalen Menschen erlauben, die natürliche Umwelt in eine von ihm geschaffene zu verwandeln und, mehr noch, seine Ziele, sein ganz spezifisches Verfahren im Hinblick auf die Schaffung einer nicht repressiven Umwelt zu reorganisieren. Aber ehe ich ein weiteres Beispiel gebe, würde ich gern einige allgemeine Beobachtungen zu prä-rationalem Design mitteilen.

Der Prozeß der Klassifizierung

»›Die verbotenen Tiere‹, sagte er, ›sind verschieden, weil die Gebärmutter vier verschiedene Formen hat und das männliche Geschlechtsorgan drei; die Kinder, die aus der Verbindung dieser verschiedenen Formen entstehen, sind daher auch verschieden. Die Tiere, die in gewissem Sinne Zwillingsgeschwister der verschiedenen Menschenarten sind, müssen also auch verschieden voneinander sein.‹«[1]

Prä-rationales Design ist ein autonomes Organisationssystem für menschliches Denken und Handeln, eine Alternative. Es ist kein minderes Verfahren, verglichen mit dem rationalen Design; ihm sollte weit eher »Priorität« zuerkannt als »Primitivität« nachgesagt werden. Während man also das prä-rationale und das rationale Verfahren sehr wohl gegeneinander halten kann, wäre es falsch, sie bei diesem Vergleich jeweils in Begriffen des anderen zu bewerten.[2]
Rationales Design entwickelte sich, indem es Gebrauch machte von dem, was prä-rationales Design zurückgelassen hatte, indem es sich Definitionen und Klassifizierungen vorrationaler Vorstellungssysteme anglich und einverleibte und sie gleichzeitig auf eine Reihe neuer Ziele anwandte. Vom rationalen Gesichtspunkt war das einzige, was prä-rationales Design je beizutragen hatte, gewissermaßen einen »Klassifizierungsprozeß« in Gang zu setzen, eine »Datenbank« für das Gedächtnis aufzubauen – ein bloßer Akt der Loyalität gegenüber einer künftigen Wissenschaft.[3] Säulen, Wände und Dächer waren für prä-rationale Ziele und Bedürfnisse geschaffene Design-Erzeugnisse, die im rationalen Design ad hoc Verwendung fanden. Für den rationalen Menschen ist daher prä-rationales Design schlimmstenfalls (wenn es nur in Form von Ruinen und Fragmenten überlebt oder in seinen rationalen Fortschritten, also außerhalb seines Kontextes mit einer Gesellschaft, in der es praktiziert wurde) nicht mehr als die Verbindung vertrauter Elemente, die er täglich benutzt, nur daß sie ihm manchmal auf eine höchst wunderliche Weise miteinander in Beziehung gebracht zu sein scheinen. Für den rationalen Menschen ist prä-rationales Design lediglich ein minder gut gelungener Versuch, rationales Design herzustellen. Seiner Ansicht nach ist es nichts als eine unvollständige, kümmerliche Vorbereitungsstufe auf dem Wege zum Rationalismus. Eine genauere Untersuchung des prä-rationalen Design enthüllt jedoch, daß es in mancher Hinsicht den Erfordernissen des rationalen Design viel näher ist als wir meinen. In beiden Verfahrensweisen wird eine Design-Entscheidung von einer Erläuterung begleitet.

Eine Erläuterung beruht – sowohl beim rationalen wie beim prärationalen Menschen – auf der Fähigkeit, eine geordnete Darstellung der Wirklichkeit, ein hypothetisches Bild miteinander verbundener Tatsachen und Wahrnehmungserfahrungen hervorzubringen, das in seiner Art und in seiner Wirkung allgemein akzeptiert wird. Für den Rationalisten dient das Modell dazu, »allgemeine Gesetze festzulegen, welche die Wirkung von empirischen Vorgängen und von Dingen umfassen (...) und uns dadurch zu befähigen, die Kenntnis einzelner Vorgänge miteinander zu verbinden und verläßliche Voraussagen für bislang noch unbekannte Vorgänge zu machen.«[4]
Ehe der rational denkende Mensch eine neu entworfene Hypothese annimmt, vergleicht er sie gewöhnlich mit der Wirklichkeit, um sicher zu sein, daß es eine Übereinstimmung zwischen Modell und Wirklichkeit gibt. Im Gegensatz dazu hat diese Art von empirischer Verifikation für den prä-rationalen Menschen gar keinen Wert. Wenn wir zum Beispiel heute eine Entscheidung treffen müssen über eine bestimmte Konstruktionsweise, beziehn wir sie immer auf eine bereits verifizierte physikalische Regel, oder aber wir prüfen sie experimentell.
Die Struktur des göttlichen Modells hingegen wird in prä-rationalen Gesellschaften niemals einer solchen Probe unterworfen. Zum Beispiel gab es, wie ich bereits erwähnte, in der Renaissance die Theorie, daß Quadrat und Kreis »vollkommen« seien, das heißt: sie waren Teil der Struktur des göttlichen Modells, und ohne diese vollkommenen Formen »ist es unmöglich, irgendetwas zu vollbringen.«[5] Dies war allgemein akzeptiert, obgleich es nicht durch eine tatsächliche Nachprüfung gestützt wurde. Außerdem: Keinerlei empirischer Test wurde angewandt, um – in Vorwegnahme des erwünschten Effekts – den Vollkommenheitsgrad von Formen nachzumessen.
Aber der Unterschied zwischen diesen beiden Methoden ist überraschend viel weniger signifikant, als es zunächst erscheint. Während alle »rationalen« Systeme sich der Probe der Verifikation unterziehen müssen, gibt es bisher noch keine allgemeinen Regeln für den Verifikationsprozeß selbst.[6] Wenn man das Verhalten des rationalen Menschen sorgfältig beobachtet, zeigt sich, daß eine enge Verbindung besteht zwischen den Vorgängen und Erfordernissen, die nötig sind, um ein Modell zu verifizieren, und den *a-priori*-Erwartungen oder Wünschen derjenigen, die es hervorbringen oder es akzeptieren.[7] Man kann sagen, daß im allgemeinen die Verifikationsmethode, die man anwendet, untrennbar zu der Definition eines *jeglichen* Erläuterungssystems gehört und also in sich selbst – im Gegensatz zu allen bisher gültigen Argumenten – ein Werturteil darstellt.[8] An dieser Stelle kommen sich Rationalität und prä-rationale Denkweise sehr nahe.[9]

Prä-rationale Erläuterungen und hypothetische Modelle, die Dinge und Vorgänge miteinander verbinden (und die man auch Mythen nennt), Prinzipien, von denen prä-rationales Design geleitet wird, können auch als Erklärungstheorien betrachtet werden, als eine besondere Form a-priori-Klassifikationen, die, wie alle *a-priori-Klassifikationen*, einer Ausgangs-Hypothese entsprechen, nur daß deren empirische Bestätigung in diesem Falle als unwichtig erachtet wird.

Eine eingehendere Untersuchung des prä-rationalen Design legt offen, daß es – sowohl in seinen Zielen als auch in seiner Methodologie – durch ein andersartiges, keineswegs aber durch ein vom rationalen Gesichtspunkt minderwertiges logisches System gekennzeichnet ist. Tatsächlich kann prä-rationales Design für eine rationale Betrachtungsweise durchaus nützlich sein. Er erscheint darum keineswegs widersinnig zu sagen, daß der rationale Mensch, wenn er behauptet, ein verifizierbares Erklärungssystem zu besitzen, ganz einfach die eigentlichen prä-rationalen Denkkategorien als von vornherein gegeben voraussetzt und seine »rationalen« und »wissenschaftlichen« Hypothesen darauf aufbaut.

Die einzige allgemeine Voraussetzung für die Erklärung eines Phänomens ist das Vorhandensein eines Informationsgefüges, das über den Stand beziehungsloser und unverbundener Sinnesreize hinaus entwickelt worden ist. Es muß daher im vorhinein ein Organisationsmechanismus bestehen, der in der Lage ist, Ähnlichkeiten oder Verbindungen zwischen der Masse der Daten festzustellen, »die bislang unbemerkt geblieben sind (...) Eine solche Organisation kann ihre Speicherung im Gedächtnis und womöglich noch mehr ihren Abruf erleichtern.«[10]

Was löst diesen einleitenden Mechanismus aus? Vermutlich verwandelt der prä-rationale Designer die natürliche Umwelt in eine von ihm – dem Menschen – gemachte, um gewissen wahrnehmungspsychologischen Erfordernissen zu begegnen. Er ordnet die Elemente der natürlichen Umwelt in einer Weise an, die Beziehungen zwischen ihnen sichtbar macht und so seinem Impuls, die natürliche Umwelt zu klassifizieren, entspricht. Aus diesem Grunde kann Design in diesem Falle als *Klassifizierungs*prozeß bezeichnet werden. Andererseits wird rationales Design – indem es die natürliche Umwelt mit der Absicht umbildet, die Erreichbarkeit gewisser materiell nützlicher Dinge zu maximieren – zu einem *Produktions*prozeß. Beide Verfahrensweisen sind innerhalb des Design durchaus gleichwertige Versuche, eine nicht-repressive Umwelt hervorzubringen.

Eine rationalistische Hypothese lautet, die Unterdrückung des prä-rationalen Menschen entstamme der Angst und dem Schrecken vor den widersprüchlichen Botschaften aus einer ihm unvertrauten, unvorhersehbaren und feindlichen Umwelt, mit denen er unentwegt bombardiert werde; für den rationalen Menschen verbinde sich Unterdrückung mit der Angst und dem Schrecken der Knappheit oder gar dem Ausfall gewisser materiell nützlicher Dinge. Den prä-rationalen Menschen bedränge die Knappheit und der Wegfall gewisser nützlicher materieller Dinge auch, aber es bekümmere ihn nur so lange, bis er diese Knappheit mit irgendeiner hypothetischen Ursache in Verbindung bringen könne. Er hat nicht das Bedürfnis, diese Ursache zu verifizieren, solange der Vorgang oder die Situation nicht vieldeutig werden.

Diese Hypothese erklärt, warum der unmittelbare Eindruck, den der rationale Mensch von prä-rationalem Design hat, der von Naivität, Unwissen und Verspieltheit ist. Der rationale Mensch ist nicht interessiert an den Bemühungen des prä-rationalen Design, deren Ergebnis, die bloß klassifizierende Organisation der Umwelt, er einfach als gegeben hinnimmt, wiewohl er selbst sie als »Datenbank«[11] benutzt.

Der rationalistischen Hypothese entsprechend, ist es die Aufgabe des prä-rationalen Designers, die Repression durch den Terror, der aus der natürlichen Umwelt kommt, zu vermindern, indem er allgemeine Vorstellungskategorien wie auch dingliche Klassifizierungen schafft. Auf der Ebene der Wahrnehmung organisiert der Designer die natürliche Umwelt so wie er sie wahrnimmt, indem er ihre Teile gewissen Regeln entsprechend miteinander zu neuen Mustern verbindet und damit die Art und Weise, wie die Benutzer dieser Umwelt sie wahrnehmen, beeinflußt.

Der prä-rationale Designer postuliert die Existenz einer vollständigen und universalen Interdependenz zwischen den Seinseinheiten, aus denen, wie er meint, die Umwelt besteht. Außerdem akzeptiert eine Beziehung von Ursache und Wirkung zwischen dem entworfenen Erzeugnis und den von ihm beobachteten Auswirkungen. Wenn die postulierten Regeln befolgt werden, so wird das mit Sicherheit belohnt. Wenn sie unbeachtet bleiben oder ihnen gar zuwidergehandelt wird, sind Strafen das Ergebnis. Beide, sowohl der prä-rationale Designer wie auch der prä-rationale Benutzer der vom Menschen hergestellten Umwelt, finden sich hinreichend zufriedengestellt durch die bloße Existenz und die Anwendung eines Design-Systems, das nicht notwendig mit einem kausal antizipierten und empirisch verifizierbaren Erzeugnis in Verbindung gebracht werden muß.

Die von mir entwickelte Hypothese lautet: Design des prä-rationalen Menschen ist lediglich motiviert durch seinen Willen, die Repression dadurch zu überwinden, daß er eine strukturierte Umwelt schafft – eine Umwelt, in der sich sein eingeborenes Bedürfnis nach Ordnung widerspiegelt. Diese Hypothese erklärt nicht, warum er – wenn er die Möglichkeiten seiner prä-rationalen Denkkategorien erkannt hat – sich den Zielen des rationalen Design zuwendet. Die bisher angestellten Überlegungen geben keinen Hinweis darauf, warum sich neue rationale Ziele – nämlich die eines Design als Produktion – entwickeln. Um dies zu erklären, will ich zunächst ein neues Beispiel einführen, das zu der prä-rationalen Verfahrensweise im Design gehört und das im weiteren Verlauf dieses Essays dazu beitragen wird zu zeigen, wie der Übergang von der einen Stufe zur nächsten sich vollzieht.

Reinheit und Schönheit

»Nackt sein, heißt sprachlos sein.«[1]

Warum ist prä-rationales Design so wie es ist?
Es gibt folgende Hypothesen:
1. Weil es primitiv und unentwickelt ist, das heißt, weil es nicht rational ist! Mit anderen Worten: Diese Hypothese setzt selbstverständlich voraus, daß Design immer bemüht ist, zu guter Letzt rational zu werden; das wiederum besagt, daß rationales Design gut ist und prä-rationales Design nicht. Diese Hypothese und das darin enthaltene Werturteil müssen aus den vorher aufgeführten Gründen zurückgewiesen werden. Nicht nur nimmt sie willkürlich rationale Werte an, um eine ganz andersartige Kultur zu beurteilen, sie ist auch nicht imstande, die bis ins einzelne gehende, determinierte und verwickelte Ordnung prä-rationaler Produktion zu erklären.
2. Weil es nur aus psychologisch-intellektuellen Gründen hervorgebracht wird. Der Mensch ist – nach dieser Hypothese – besessen davon zu strukturieren und zu klassifizieren, weil die Dinge um ihn herum zu ordnen jene Ängste dämpft, die von der Unvorhersehbarkeit, Inkonsequenz und Verworrenheit der natürlichen Umwelt hervorgerufen werden. Mit anderen Worten: prä-rationales Design ist wie es ist, weil es eine Möglichkeit darstellt, die natürliche Umwelt nach den Klassifizierungen zu ordnen, die es dem Menschen leichter machten, mit der Natur fertigzuwerden. Diese Hypothese muß gleichfalls zurückgewiesen werden, weil es ihr nicht gelingt, die sehr komplexe Ordnung zu erklären, die in prä-rationalem Design sichtbar wird. Es fällt schwer zu glauben, daß der Mensch ein solch komplexes und durchdachtes Klassifizierungssystem schaffen konnte, besonders da es sich im Hinblick auf praktische Ergebnisse als gänzlich unwirksam erweist. (Außerdem gibt uns die Behauptung, der Mensch sei einfach von Klassifizierungen besessen gewesen, keine konsequente Erklärung für das Entstehen von rationalem Design.).

Prä-rationale Design-Erzeugnisse sind, wie wir gesehen haben, in ihrer Organisation von der Nachahmung des göttlichen Modells bestimmt. Und das letzte Ziel der Umwelt-Ordnung ist, wie ich hier zeigen werde, die Organisation von Macht in der Gesellschaft. Das göttliche Modell ist ein Regulierungsmittel, mit dessen Hilfe sowohl die dinglichen Erzeugnisse als auch die individuellen Tätigkeiten strukturiert werden, und zwar mit dem Ziel, nicht-repressive Lebensbedingungen hervorzubringen.

Prä-rationales Design läßt sich solange als Klassifizierungsprozeß betrachten, solange wir in dieser Charakterisierung nicht auch sein Ziel sehen. Tatsächlich stößt man, wenn man diese Eigentümlichkeit des prä-rationalen Design, den Klassifizierungsprozeß, untersucht, auf sein eigentliches Ordnungsziel, nämlich die Organisation der Macht in der Gesellschaft.

Um nun Design als Klassifizierungsprozeß zu erklären, würde ich jetzt gern eine Art von Design-Bestimmung untersuchen, die sich von den bisherigen Beispielen unterscheidet.

Wie wir an der mittelalterlichen und der Renaissance-Architektur gesehen haben, stellte sich die Struktur des göttlichen Modells durch den Gebrauch klassifizierender Schemata dar, die sich in geometrischen Beziehungen ausdrückten. So ergab es sich, daß Design-Entscheidungen durch *geometrische* Erscheinungsformen oder Größenverhältnisse bestimmt und damit *Größe* und *Gestalt* von Design-Erzeugnissen festgelegt wurden.

Im Falle der Bewohner von Dogon manifestierte sich das göttliche Modell durch den Gebrauch klassifizierender Schemata, die sich in einem Bezugssystem von *beständig weiterführenden Verbindungen* ausdrückte. Folgerichtig waren die Design-Entscheidungen bestimmt durch topologische Konfigurationen (auf den Ort bezogene formale Zusammenhänge). Determiniert war, welcher Raum mit welchem anderen Raum in *Verbindung steht* oder durch welchen Raum *verbunden* sein sollte.

In dem Beispiel, das ich jetzt untersuchen werde, manifestiert sich das göttliche Modell durch den Gebrauch eines klassifizierenden Schemas in Form eines Bezugssystems von *Gruppierungen (clusters)*. In diesem Falle werden durch die Design-Entscheidungen »Objekte« (das heißt, einzelne deutlich unterschiedene stoffliche Einheiten) und »Territorien«, also klar umrissene räumliche Bereiche, definiert. Design-Entscheidungen präzisieren in diesem Falle die Art und Weise, wie Objekte sich innerhalb der markierten räumlichen Bereiche verteilen und gruppieren.

Solche »Territorien« können Regionen, Felder, Dörfer, Gebäude, Innenräume oder sonst irgendwelche klar erkennbaren Raumteile sein oder irgendeine Stelle, Ausstattung oder sogar auch irgendein Teil des menschlichen Körpers, die gewöhnlich irgendetwas anderes enthalten. »Objekte« andererseits sind klar unterschiedene *stoffliche* Einheiten, die in »Territorien« enthalten sind. Diese Objekte können Menschen, Pflanzen oder Tiere sein. Sie können leblose Dinge sein, wie zum Beispiel Werkzeuge, Steine, Staub oder Wasser. Territorien und Objekte sind also austauschbar, je nachdem, ob sie etwas enthalten oder in etwas enthalten sind.

Für den prä-rationalen Designer ist es vor allem wichtig, Objekte in der Umwelt zu identifizieren, das Wahrnehmungs-Kontinuum aller Materie in klar unterscheidbare Einheiten umzuwandeln, die er – nach dem oben gekennzeichneten Prinzip – entweder als Territorien oder als Objekte definiert. Dieses Vorgehen ist weder automatisch noch intuitiv. Es ist ein komplexer, bewußter und freiwilliger Prozeß.

Nachdem der prä-rationale Designer diese unterscheidbaren Einheiten als solche erkannt, sie aus dem Kontinuum der Natur »ausgeschnitten« und isoliert hat, ordnet er sie ihren hervorstechenden Kennzeichen entsprechend in *Klassen*. Zum Beispiel: Wenn das identifizierte Objekt ein Tier ist, so sind die Anzahl seiner Beine, seine Fortbewegungsart, der Bereich, in dem es sich bewegt, was es frißt, einige der Züge, die es kennzeichnen und es mit anderen Tieren einer Klasse zuordnen oder es von ihnen unterscheiden. Alle natürlichen Objekte werden entsprechend klassifiziert.

Es gibt Objekte, die gleichzeitig zu mehr als einer Klasse gehören; sie dürfen sich von einer Klasse in eine andere bewegen.

Design mittels einer derartigen Gruppenbildung (clustering) ist ein Prozeß, um Objekte in Territorien zu versammeln, wobei jedes Territorium einer gewissen Klasse von Objekten entspricht. Folgerichtig ordnet das Design, das den Regeln des göttlichen Modells folgt, Objekte nur einem gegebenen Territorium zu, wenn sie zu der Klasse gehören, die dem in Frage stehenden Territorium entspricht. Wenn ein Objekt sich in einem Territorium befindet, das nicht mit der Klasse korrespondiert, in die das Objekt gehört, wird es als »nicht als »Schmutz«, als unrein.² Umgekehrt ist ein Objekt »rein«, an seinem Platze« angesehen, wenn es sich in einer der Klasse des Objekts entsprechenden Territorium befindet.

Eine derartige Gruppierung von Objekten schafft Umwelt, ohne den ursprünglichen Platz des Objekts in dem natürlichen Zusammenhang aufzuheben, ohne in die Natur einzugreifen. Dies ergibt eine einfache Klassifizierung. Eine komplexere Klassifizierung wird erreicht, wenn man Territorien topologisch miteinander assoziiert, das heißt, indem man Objekte verbindet, die sich bereits gruppiert haben. Diese Klassifizierung bedeutet einen Schritt von der Natur fort.

Eine womöglich noch komplexere Klassifizierung, die sich noch weiter von der Natur entfernt, ordnet die Objekte nach ihren geometrischen Formen. In diesem Falle wird die Materie zunächst behandelt und geformt, um so gemeinsame Charakteristika von Objekten herbeizuführen oder hervorzubringen, und erst dann entsprechend klassifiziert. Das geschieht dann nach den Regeln, die das göttliche Modell vorschreibt, und zwar dadurch, daß den zu entwerfenden Objekten geometrische Formen auferlegt werden.

Hier wird ein bewußter Versuch unternommen, in den ursprüngli-

chen Zustand der Objekte einzugreifen, um sie jeglichen Erfordernissen ihrer besonderen Klassifizierung anzupassen. Dieses Neu-Gestalten, dieses Manipulieren oder menschliche Eingreifen wird schließlich zum eigentlichen Design-Vorgang. Wie Alberti sagen würde: »Im Design wird alles, was deformiert (...) ist, verheimlicht, getrimmt und aufpoliert.« Indem es durch die Behandlung eines Materials, zum Beispiel durch Schnitzen, geometrische Muster und Dimensionen einführt, stattet Design nur einige Territorien ganz bewußt mit besonderen Eigenschaften aus.
In der gleichen Weise wie Objekte, die innerhalb ihrer »Klasse« als »rein« charakterisiert worden sind, werden Objekte, die nun (im Einklang mit den Regeln des göttlichen Modells) eine geometrische Gestalt erhalten haben, als *schön* bezeichnet.
Das Wesentliche in beiden Fällen ist, daß die Regeln des göttlichen Modells befolgt werden, gleichviel ob es Klassifizierungsregeln oder Regeln sind, die sich auf die Gestalt der Objekte beziehen. Wer die Regeln des göttlichen Modells mißachtet, muß Strafe gewärtigen (das heißt, er wird von materiellem Vorteil ausgeschlossen), während derjenige, der sie beachtet, belohnt wird. Da materieller Nutzen sich nicht notwendig aus der Befolgung der Regeln ergibt, die das göttliche Modell vorschreibt, ist es klar, daß dieses ausgeklügelte System noch ein anderes Ziel haben muß. Was aber hat es mit diesem ganzen schwierigen Klassifizierungs-System eigentlich auf sich, wenn es doch so gar keine praktische Wirkung hat? Handelt es sich wirklich nur um das besessene und ganz zufällige Verlangen nach Klassifizierungen um ihrer selbst willen?
Wenn man sich die prä-rationale menschliche Umwelt auf ihren Nutzen hin näher ansieht, so erkennt man eine ganz enge Verbindung zwischen der Art, wie sich die menschlichen Tätigkeiten ausbilden, und dem Entstehen einzelner Bereiche der durch sie geschaffenen Umwelt. Wir beobachten, daß nicht nur individuelle Tätigkeiten, sondern auch die Art, wie Individuen in Beziehung zueinander treten, eingegrenzt, schematisiert sind. Prä-rationale Erzeugnisse wirken also über die Auflösung von Konflikten und die Vermeidung von Aggressionen hinaus positiv, das heißt, sie bringen die Individuen dahin, etwas Gemeinsames hinter jeder einzelnen Erfahrung zu erkennen; sie vermindern die Isolierung einzelner Erfahrungen, indem sie diese in ein kollektives Bewußtsein transformieren.
Jede Äußerungsform des göttlichen Modells, dem ja alle prä-rationalen Erzeugnisse entstammten, ist nichts anderes als die abstrakte, kondensierte Darstellung erlaubter oder verbotener Interaktionen von Individuen. Sie ist ein Code möglicher Interaktionen, durch den sich letztlich die Machtverhältnisse zwischen Individuen bestimmen. Mit anderen Worten, diese Äußerungsform (also Design) ist Gesellschaft

in ihrem weitesten und tiefsten Sinne. Das bedeutet »Bewußtmachen von menschlichen Kräften, moralischen Kräften (...), kollektiven Empfindungen (...), indem man sie auf äußerliche Objekte fixiert.«[3]
Das göttliche Modell ist nicht die Schöpfung eines einzelnen. »Wenn es für alle gemeinsam gilt, ist es auch das Werk der Gemeinschaft«, die dem einzelnen vorschreibt, was er zu tun hat. Es wird also von der Gesellschaft kollektiv geschaffen, aber es wird in den Tätigkeiten des einzelnen in die Wirklichkeit umgesetzt. »Nur, wenn ein Prototyp dieser Art entwickelt, (...) wenn eine Standardregel festgelegt wird, kann und sollte man einen sozialen Vorgang voraussetzen«[4], wird er erkennbar. »Um alle Kollisionen zu vermeiden, muß jeder besonderen Gruppe ein ganz bestimmter Raumanteil zugewiesen werden: Mit anderen Worten, Raum muß aufgeteilt, differenziert, geordnet werden, und jeder muß diese Aufteilungen und Anordnungen kennen.«[5] Die unumgänglichen Regeln des göttlichen Modells enthüllen den kollektiven Wunsch, jede Möglichkeit des einzelnen zur Unterdrückung anderer auszuschließen. So führt, um mit Durkheim zu sprechen, »die Kooperation verschiedener Einzelwillen« dazu, Vorstellungen von »unpersönlichen Wahrheiten« und von dem »Königreich der Ziele« zu entwickeln.[6] Es ist die »Rationalität« der prä-rationalen Design-Methodologie, daß sie das kollektive Bewußtsein darin bestärkt, die einzelnen dazu zu bringen, daß sie die stoffliche Umwelt als Vorstellungsdeutung, als Zeichenvermittlung wahrnehmen. Indem sie das nämlich tut, verwandelt sie Sinneserfahrungen – individuelle Empfindungen – in Vorstellungen, deren Anerkennung ein sozialer Akt ist. Dies erklärt die Funktion von Design als Klassifizierungsprozeß in archaischen Epochen.
Prä-rationales Design als Klassifizierungsprozeß entstammt also der Interaktion verschiedener Faktoren. Erstens, der Fähigkeit des menschlichen Geistes, Vorstellungen zu haben, zweitens, der Beschaffenheit des Menschen als eines sozialen Wesens, seinem Verlangen, in der Nähe seines Nebenmenschen und nah der materialen Wirklichkeit zu sein, schließlich der technologischen Beschränktheit der Produktion in den archaischen Zeiten der Menschheit. Die grundlegenden Charakteristika dieser Wirklichkeit sind »die Häufigkeit äußerer Drangsal und die Hungersgefahr«. Das zum Überleben Notwendige ist nicht ohne weiteres immer vorhanden. Hungersnot kann jederzeit und überraschend ausbrechen. »Unsicherheit (...) ist häufig das Kennzeichen primitiver Wirtschaftsstrukturen«.[7]
Bei aller Unsicherheit und ernsten Gefahr und trotz der intellektuellen Fähigkeit und den Neigungen des Menschen – wozu noch die Tatsache kommt, daß es nur die einfachsten Mittel gibt, die Produktion zu beeinflussen, und daß die Transportmöglichkeiten für die

Produkte unzulänglich sind – verfährt der prä-rationale Mensch *nicht* ökonomisch. Er schafft Bedingungen, unter denen die Fluktuation der erreichbaren Güter Feindseligkeiten, Aggression oder Repression zwischen Menschen der gleichen sozialen Gruppe nicht zuläßt. Die Ordnung der vom Menschen geschaffenen Umwelt ist also die Projektion einer nicht-repressiven gesellschaftlichen Organisation, die um jeden Preis erhalten werden muß.

Der prä-rationale Weinberg und die rationale Weinlese

> »‹Das Wort ist für jedermann da in dieser Welt›, sagte Ogotemmêli, ›es muß kommen und gehen und ausgetauscht werden, denn es ist gut, die Kräfte des Lebens zu geben und zu empfangen.‹«[1]

Die Differenzierung und Spezialisierung der natürlichen Umwelt, die vor sich geht, wenn sie zu einer vom Menschen gemachten umgewandelt wird, läuft der gesellschaftlichen Differenzierung und Spezialisierung parallel. Die Gesellschaft wird in klar unterscheidbare Einheiten von Klassen strukturiert, von denen jede einheitliche Vorstellungen repräsentiert, ein Prozeß, ähnlich dem bereits beschriebenen, durch den Objekte und Territorien entstanden. Hier ein Beispiel, das wieder den Dogon entstammt und diesen Vorgang in einer klar unterschiedenen sozialen Gruppe in Beziehung zu ganz bestimmten Tätigkeiten in Verbindung mit einer besonderen Örtlichkeit und in einem klar definierten Zeitraum zeigt[2]:
Die Aufgabe des Schmieds bei den Dogon ist es, »die Werkzeuge für die Landbebauung zu schmieden, aber sie nicht mit eigener Hand zu benutzen. Die Spaten, die er anfertigt, sind für die Männer der sieben anderen Familien, und die müssen ihn wiederum mit Nahrung versorgen«. Sein »Hauptwerkzeug (...) ist der Hammer, die himmlische Scheuer (...), indem er den Anboß schlägt (...), erhalten sie von der Erde einiges von der Lebenskraft zurück die sie ihr gaben (...)« Der Schmied benutzt das Feuer, »ein Bruchteil der Sonne (...) darum ist es jedermann verboten (...), während der Nacht auf Eisen, Erde oder Stein zu schlagen (...)«, nächtliche Schläge nehmen den Schlägen am Tag die Kraft weg. Die »Schmieden werden immer auf der Nordseite des zentralen Platzes errichtet, der wiederum im Norden des Dorfes liegt«, denn »in dem ersten Feld, in dem die fliegende Saat sich niederließ, wurde die Schmiede an der Nordseite errichtet, am Rande des Landes, das abgetrennt werden sollte«. »Wenn der Bauer (...) die letzte Ähre mäht, sieht er am Rande des Feldes den Schmied, der ihn offenen Mundes und schweigend beobachtet.« So erhält der Schmied die Nahrung, die er zum Leben braucht. Diese »Teilung« der Arbeit und die Aufteilung des Landes entstehen gleichzeitig, beides ist nach dem gemeinsamen göttlichen Modell organisiert. Wie wir aus anthropologischen Daten erkennen können, trifft diese Strukturierung jedoch keineswegs mit einer Aufteilung der Macht zwischen den Mitgliedern einer Gesellschaft zusammen.

Aber Design-Erzeugnisse werden keineswegs immer oder für alle Zeit für die Zwecke benutzt, für die sie ursprünglich entworfen wurden. Prä-rationale Design-Erzeugnisse werden allmählich für einen veränderten Gebrauch erreichbar, die Klassifizierungssysteme werden zu »Datenbanken« oder zu einer Informationsorganisation umgewandelt, und so gewinnt der Mensch die Fähigkeit, das Ergebnis an Erzeugnissen und materiellem Nutzen zu beeinflussen. So wird er – durch den Gebrauch gespeicherter Kenntnisse – fähig, eine ganz bestimmte Menge an Gütern mit Sicherheit herzustellen, lernt er, die Effektivität seiner Produktion zu steigern.

Mit dem materiellen Nutzen nimmt auch die Arbeitsteilung zu, und durch den Überfluß an hergestellten Gütern wird auch die Spezialisierung des Individuums gefördert. Diese Spezialisierung trägt wiederum zu einer größeren Effektivität der Produktion bei. Auf der anderen Seite führt jetzt die Spezialisierung unter den Mitgliedern einer Gesellschaft zu einer unterschiedlichen Machtverteilung.

Eine unterschiedliche Entwicklung der Gruppen und der Tätigkeiten unter den Mitgliedern einer Gesellschaft schafft eine unterschiedliche Aufteilung der Arbeit in ihr. Arbeitsteilung bringt Güteraustausch und Abhängigkeit zwischen den einzelnen Angehörigen einer Gesellschaft mit sich. Wie wir es im Falle der Dogon gesehen haben, beschränkt sich diese Interaktion keineswegs mehr darauf, daß Zeichen ausgetauscht und bestimmte Vorstellungen geteilt werden. Dennoch ist dieser Kontakt, auch wenn er Verpflichtungen mit sich bringt, noch keine Versklavung. Der Gütertausch nimmt die Form von Gaben an. Die Bedeutung dieser Gaben ist den »Geschenken« der rationalen Gesellschaft nicht gleichwertig. Der Austausch solcher Gaben ist eine feierliche Verpflichtung. Das Übergeben von Gaben ist immer wechselseitig. »Niemand gab je etwas«, so meint Finley in seiner Beschreibung der homerischen Gesellschaft, »ohne eine entsprechende Gegenleistung, gleichviel ob sie tatsächlich vorgenommen oder als Wunsch geäußert wurde, unmittelbar oder erst nach Jahren.«[3]

»Wähle ein sehr schönes (Geschenk, sagt Athene zu Telemachos), das wird dir ein würdiges als Gegengabe einbringen.« Aber die Wechselseitigkeit der Gaben hat nichts mit ihrem Nützlichkeitswert zu tun. Bedeutende Gaben müssen nicht nützlich sein.[4] Noch ist irgendein Gewinn dabei im Spiele. »Gewinn auf Kosten eines anderen gehörte zu einem ganz anderen Lebensbereich – zu Kriegsführung und Überfällen.«[5] Der Austausch von Gaben schafft eine Vermischung getrennter Individuen und stellt eine Art sozialer Verwandtschaft her.[6] Die Gegenstände, die als Gaben verwendet werden, tragen nicht dazu bei, das eine Individuum zu schwächen, indem sie ein anderes stärken – wie das im Warenhandel der Fall ist –, im Gegenteil. »Da, wo der Häuptling machtvoll ist, wird, was als Tribut eingebracht wurde, schnell wieder in Form von Belohnungen und Gaben ausgegeben: Lokale Ungleichheiten in der Produktion werden so wieder ausgeglichen.«[7] Aus dieser besonderen Realität des Gaben-Austausches können wir ableiten, daß prä-rationales Design absichtsvoll und geordnet war und gleichzeitig jegliche Vorteile außer acht ließ, welche die Solidarität der Gemeinschaft, um irgendwelcher materiellen Befriedigung willen, infrage stellten.

Auf diese Weise bringt die Ausbildung der von Menschen geschaffenen Umwelt, wie auch die Arbeitsteilung, die sich gleichzeitig mit ihr entwickelt, keine Machtungleichheit und keine Repression mit sich. Bei den Indianern bestand das *einzige* Privileg des Häuptlings darin, »daß er der erste Mann war, der in den Krieg zu ziehen hatte.«[8]

Die Bedeutung des prä-rationalen Design für das rationale ließe sich kennzeichnen, indem man Francis Bacons Äußerung über den Beitrag der Alchemie zur modernen chemischen Wissenschaft abwandelt. Prä-rationales Design könnte dann mit einem Mann verglichen werden, der seinen Söhnen mitgeteilt habe, er habe ihnen, irgendwo im Weinberg vergraben, Gold hinterlassen. Sie fanden nun zwar kein Gold, als sie nachgruben, aber brachten eine schöne Weinernte zustande, indem sie die fruchtbare Erde über den Wurzeln der Weinstöcke um- und um-gruben. Ähnlich brachte die Bemühung, das göttliche Modell in der menschlichen Umwelt nachzuahmen und die Ängste zu mildern, die eine mögliche Auflösung der Gesellschaft hervorgerufen hatte, viele nützliche Erfindungen und lehrreiche Experimente ans Licht, die später dazu beitrugen, die Produktion materieller Güter unter Kontrolle zu bringen.

Wie Durkheim sehr schlüssig feststellte, handelt es sich hier um »die Tatsache, daß die fundamentalen Denkkategorien, und folgerichtig auch die Wissenschaft, religiösen Ursprungs sind.«[9] Im Falle des Entwurfs der menschlichen Umwelt bauen die Elemente des rationalen Design auf Vorstellungen des prä-rationalen Design auf, indem sie den Gebrauch und die Interaktionen so umbilden, daß sie einer veränderten gesellschaftlichen Organisation entsprechen.

Aber die neuen Früchte der menschlichen Rationalität werden nicht von der Gesellschaft in ihrer Gesamtheit eingesammelt. Ursprünglich gab es in der prä-rationalen Organisation der menschlichen Umwelt keinerlei Differenzierung zwischen Teilen, die nach den Regeln des göttlichen Modells gestaltet waren, und anderen, die es nicht waren, denn solche Teile gab es nicht. Wir haben bereits gesehen, wie in den Dörfern der Dogon die gleichen Design-Prinzipien für den gesamten vom Menschen hergestellten Bereich angewandt wurden; alle Teile dieser Umwelt werden nach in sich zusammenhängenden Zielen und nach einer durchweg geltenden Methodologie entworfen. Es gibt keine Lebensbezirke von minderer Bedeutung, in welchen etwa die prä-rationalen Anforderungen nachlassen. Die vom Menschen entworfene und geordnete Umwelt in ihrer Totalität kennt keine Unterdrückung; vom Menschen hergestellte und nicht-repressive Umwelt sind hier also ein und dasselbe. Diese nicht-repressive Umwelt kann sich so weit entfalten, wie der Mensch die Tätigkeiten, die ihre Ordnung bestimmen, ausdehnen kann.

Im Gegensatz dazu setzt prä-rationales Denken im späteren Mittelalter die nicht-repressive Umwelt der vom Menschen hergestellten entgegen. Der Bereich vorgegebener Bedeutung, das göttliche Modell, besteht unabhängig von dem Bereich, in dem Bedeutung geschaffen wird, der menschlichen Umwelt.

In der Spätzeit des Mittelalters wird angenommen, daß man sich nur bis zu einem gewissen Grade der Struktur des göttlichen Vorbilds annähern und es in dem Entwurf einer menschlichen Umwelt verdeutlichen kann. Menschliche Wesen »können [nur] durch ein Glas dunkel wahrnehmen«, meint Thomas von Aquin, indem er den Apostel zitiert.[10] Es fällt in die Autorität Gottes, daß er sich zu erkennen gibt, »durch Gottes Gnade allein, denn dies zu erkennen überschreitet die Fähigkeit aller Geschöpfe und es ist unmöglich dahin zu gelangen, es sei denn durch ein Geschenk Gottes«.[11]

Regeln der Läuterung und der Stilisierung werden konsequent, wenn auch nur für bestimmte Bauten angewandt – für Kathedralen, Paläste, Herrenhäuser –, die nicht Teil oder Bestandteil einer einheitlichen, alles umfassenden, vom Menschen hergestellten Struktur sind. Die mittelalterliche Kathedrale gehorcht nicht den gleichen Regeln, die für die übrige Stadt gelten, wie es zum Beispiel das Haus des Hogon von Aron (des hervorragenden Häuptlings der Dogon) tut. Im Gegenteil, die Kathedrale ist ein besonderer, privilegierter Bereich, der von dem übrigen Habitat deutlich abgesetzt ist.

Aber auch die Kathedrale, der Palast und das Herrenhaus, auf die das göttliche Vorbild angewandt wird, stellen nicht die befreiende Umwelt dar. Diese befreiende Umwelt gibt es nur im göttlichen Modell, das jene Bauten nur kümmerlich widerspiegeln und dessen Vollkommenheit sie nie erreichen werden. Diese besonderen Bauwerke zu errichten, gibt dem Menschen die Möglichkeit, vielleicht in die verheißene »Umwelt ohne Unterdrückung« einzugehen. Wenn der Mensch den Gesetzen des göttlichen Modells im heiligen Bereich der Umwelt genügt und wenn er selbst den materiellen Nutzen, den er in der gewöhnlichen Umwelt erwirbt, zu der heiligen Umwelt beiträgt, kann er in eine Umwelt ohne Unterdrückung aufgenommen werden. Es wird nicht von ihm erwartet, daß er sich der Unterdrückung widersetzt, weder in seinem eigenen Leben noch in der Umwelt, die er schafft, indem er die natürliche Umwelt umwandelt. Design ist, wie auch die übrigen menschlichen Tätigkeiten, ein Mittel, eine notwendige Bedingung, um in die Umwelt ohne Unterdrückung einzugehen, die den Menschen vollständig und fertig jenseits seines Lebens erwartet. Daher ist die menschliche Umwelt aufgeteilt in die *gewöhnliche*, in der das auf empirischen Kenntnissen beruhende Tun vorherrscht und die rituellen Handlungen zurücktreten, und in die *heilige*, die nahezu gänzlich vom göttlichen Modell, von den mit großer Genauigkeit und Strenge angewandten Regeln der Frömmigkeit beherrscht wird. Während es das Ziel in dieser gewöhnlichen Umwelt wird, materiell Nützliches für das zum täglichen Leben Notwendige in möglichst großem Umfange zu erzeugen, bleibt das Ziel der »heiligen« Umwelt – den traditionellen Zielen der prä-rationalen Denkweise sehr ähnlich – eine Umweltordnung ohne Unterdrückung.

Die Aufteilung der menschlichen Umwelt in heilige und gewöhnliche Bereiche steht im Widerspruch zu dem allgemeinen menschlichen Willen, eine totale Umwelt ohne Unterdrückung zu entwerfen. Sie reflektiert die Spaltung der Gesellschaft in dieser Übergangsepoche in einen Teil, der auf gleichen Machtverhältnissen zwischen ihren Mitgliedern beruht, und einen anderen, der entsprechend den Zielen einer individuellen Machtkonzentration organisiert ist. Sie schränkt den Menschen auf der Erde auf einen Zustand ohnmächtigen Ausgebeutetseins ein, in dem er nicht auf die Erfüllung seiner Wünsche, sondern nur auf eine bessere Welt hoffen kann.

In einer solchen Gesellschaft ist es die Rolle des Menschen, Reichtum anzuhäufen, auch wenn er vielleicht einem anderen Mitglied der Gesellschaft zugute kommt. So ergibt es sich häufig, daß, je mehr der machtlose Mensch um eine repressionsfreie Umwelt ringt, desto mehr Reichtum von den Mächtigen erworben wird. Allmählich tritt der Tauschhandel an die Stelle der Gaben. Zur gleichen Zeit setzt sich der Gedanke, daß materielle Vorteile, also Reichtum, dem Menschen die ersehnte Freiheit bringen, ganz allgemein durch. Diejenigen, die im Besitz von Macht sind, hoffen, über die Design-Erzeugnisse den menschlichen Kontakt wiederherzustellen, der mit der Zerstörung der prä-rationalen Gesellschaft verloren gegangen ist. Zumindest erhoffen sie sich darin ein Mittel, um die Macht, die sie besitzen, zu sichern, während die Machtlosen hoffen, etwas in ihnen wiederzufinden, dessen sie durch die mächtigen Mitglieder der Gesellschaft beraubt worden sind.

Die Teile der Umwelt, die, wie die Kirchen, noch als Spiegelbild des göttlichen Modells geschaffen werden, bieten nur die Erinnerung an eine von Repression freie Umwelt. In Wirklichkeit existiert eine solche Umwelt überhaupt nicht mehr, daher wird Machtentzug von der Gesellschaft, in der er sich vollzieht, nicht nur toleriert, sondern ist der hervorstechendste Zug dieser neuen Gesellschaft. Das Versprechen, daß sich die repressionsfreie Umwelt von der gewöhnlichen Umwelt trennen lasse, in der die Menschen leben, trägt nur dazu bei, die prä-rationale Welt zu zerstören. Auch wenn ein solches Versprechen manchmal dazu benutzt wird, repressive Kräfte im Zaum zu halten, kann es sie doch legitimieren. Es macht es möglich, daß solche Kräfte toleriert und hingenommen werden. So ist zum Beispiel die Kathedrale – obgleich sie kein Ort ist, um darin zu leben, wie die Heimstatt des Häuptlings der Dogon – ein Versprechen auf eine befreite Welt, in der man in Zukunft leben wird, ein Trost für den Verlust einer vergangenen repressionsfreien Welt, der Welt, die der Mensch nach dem Sündenfall verlassen mußte. So sehr die Kathedrale auch geachtet, gefürchtet oder geliebt werden mag, sie ist eine in sich abgeschlossene Welt, das erste Utopia, die Erinnerung an eine Gesellschaft, in der alles allen gemeinsam war. Schließlich wandelt sich die gesamte Rangordnung, und die prä-rationale Umwelt selbst wird als Ursache für alle Unterdrückung erkannt, weil sie nicht genügend Wohlstand ermöglicht, und sich damit endgültig selbst zerstört. Denn von nun an wird nicht nur der Mangel an materiellem Nutzen oder Reichtum als repressiv angesehen, sondern auch jede mit diesem Mangel verbundene Theorie. Die prä-rationale Design-Theorie wird in der Folge also als bloße Störung betrachtet, als ein Hindernis, sofern es sich um verbesserte Produktion von materiell Nützlichem und um den Machtzuwachs des einzelnen handelt.

Das neue Verständnis von Design – das rationale Verständnis – kann Formen, Farben, Proportionen, Maße und ganz allgemein visuelle Grundmuster nicht länger als Deutungen eines göttlichen Modells werten. Prä-rationale Verhaltenskategorien fallen dahin. So wie die Differenzierung von Macht ihre Wurzeln in den deutlich unterschiedenen Einheiten der prä-rationalen Gesellschaft hatte, fand die Privatisierung der Macht ihre Deutung in den prä-rationalen Design-Objekten.

Nicht das Verlangen nach äußerlichen Vorteilen führt also zu einer Machtakkumulation, sondern die Befriedigung durch Machtausübung, die ihren Ausdruck im Besitz von Gegenständen und schließlich in dem Vergnügen an ihrer Gestalt findet. Die Sprache der prä-rationalen Ära, mit deren Hilfe sich eine auf der unterschiedslosen Macht ihrer Mitglieder beruhende Gesellschaft organisiert hatte, wandelt sich nun zu einer Sprache, deren Zweck die Machtkonzentration der einzelnen ist. Das »Reine« wird nun »kostbar«, und »Schönheit« eine Bedingung des Heiligen, zur Bedingung für die »Befriedigung menschlicher Bedürfnisse«. Die visuellen und räumlichen Grundmuster der prä-rationalen Kultur, die der Mensch zu achten *gelernt hat* und von denen er abhängt, werden nun, ihres bisherigen Inhalts entleert, zu Gegenständen, die die *natürlichen* Wünsche des Menschen erfüllen.

Das gefällige Objekt

> »‹Sein einziger Nutzen ist es jetzt, Küken hineinzutun›, sagte er. Er strich langsam mit den Händen über die schütteren Reste und ging dann dazu über, die Weltordnung zu erklären.«[1]

Ich habe einige Aspekte der Renaissance beschrieben, und zwar unter dem Gesichtspunkt ihrer prä-rationalen Charakteristika und Überzeugungen. Jetzt wollen wir uns dem Stand des rationalen Design in dieser Epoche zuwenden, der ja unmittelbar gleichzeitig mit der Anwendung prä-rationaler Design-Vorstellungen und -Regeln auftritt, woraus sich eine verzwickte Mischung beider Verhaltens- und Verfahrensweisen ergibt.
Etwa um die Mitte des 15. Jahrhunderts entwickelte Leon Battista Alberti eine Design-Theorie mit besonderem Bezug zur Architektur, die ein typisches Beispiel für das Nebeneinander rationaler und prä-rationaler Elemente abgibt. Er behauptete, visuelle Grundmuster könnten »in sich selbst sehr edel« sein was sie aber bedeutungsvoll mache, sei »ihre Komposition, die Art wie sie zusammengefügt sind«.[2] Ausgehend von diesem Prinzip, bildete Alberti ein glänzendes System intellektueller Strukturen aus. In seinem Denken spiegelt sich sowohl die Ideologie des Prä-Rationalismus, die ihre Rolle im Design ausgespielt hatte, als auch ein Rationalismus, der, als er am Horizont auftauchte, noch nicht ganz ausgeformt war. Das wichtigste Charakteristikum des Architektur-Design sei, so meint Alberti, daß es »aus so vielen verschiedenen Teilen besteht«, die untereinander »kongruent« seien, aber in keiner Beziehung zu einem äußeren Modell stehen sollten. Die »Entdeckung« im Design liege in der »Art und Weise, wie Architekten eine gewisse Anzahl (heterogener) Teile zu einem Körper oder einem Ganzen zusammenfügen und vereinen.« »Aufgabe und Zweck der Kongruenz sei es, verschiedenartige Glieder zusammenzufügen in einer Art und Weise, daß sie übereinstimmen, um ein Ganzes zu bilden...« »So wie die Glieder eines Körpers, eines Gebäudes miteinander korrespondieren, sei es notwendig, daß ein Teil dem anderen entspreche (...). Jedem Bauteil sei daher ein bestimmter Platz und eine eigene Lage zugewiesen.«
Es sei ganz klar, so stellt Alberti an einer anderen Stelle seiner Analyse fest, daß Architektur-Design in seiner ursprünglichen elementarsten Form eine Tätigkeit des »Mischens« oder »Zusammenfügens« schon vorhandener Elemente sei, zum Beispiel »das Vermischen von ungeraden und geraden Zahlen, von geraden und gekrümmten Linien, von Licht und Schatten...«, und dies »in der Hoffnung, daß,

so wie in der Verbindung des Männlichen mit dem Weiblichen, durch diese Vermischung von Gegensätzlichem etwas Drittes gefunden werde, das dem Zweck genau entspricht«. Im Design sollte »das Kostbare sich nicht mit irgendetwas Belanglosem mischen, nichts was klein ist mit etwas Großem, noch sollte etwas zu Großes oder Hohes in enge oder geschlossene Räume eingebracht werden; obgleich Dinge, die sich an Würde nicht gleichkommen, noch sich in ihrer Art ähnlich sind, durchaus zusammengestellt werden können«.

»Mischt man aber Winkel oder Linien oder Oberflächen, die sich in Anzahl, Größe und Lage nicht entsprechen und nicht mit größter Sorgfalt und Genauigkeit zusammengefügt sind«, so ist das Ergebnis »ein aberwitziger und bestürzender Irrtum oder eine Ungestalt«. In diesem Punkt beginnt Abertis Architektur-Theorie von der prärationalen Denkweise abzuweichen: Wenn er eine Rechtfertigung der getroffenen Design-Entscheidungen innerhalb eines Systems des Schönen im »Zweck« findet, bezieht er sich nicht mehr auf ein kosmologisches Modell, aus dem sich die Gesetze der »Komposition«, des »Mischens«, ableiten lassen. Für Alberti ist die Folge eines Irrtums im Design nicht Gefahr, sondern ein »unansehnlicher« Gegenstand, der »Haß und Abscheu« weckt, ein »widersinniges Ding, verstümmelt, formlos oder irgendwie sonst unangenehm für das Auge«. Umgekehrt ist ein gelungenes Design-Produkt »lieblich für das Auge«, »schön«, einfach eine »Sensation des Geistes«.

Alberti erkannte sofort, daß eine solche Theorie, die sich nicht auf allgemein geltende Normen außerhalb des menschlichen Geistes bezieht, eine starke und sichere Tradition infrage zu stellen drohte. Eine solche Tradition, eben die nicht-rationale, lieferte allen Gesellschaftsmitgliedern einen Zustimmungsmechanismus, der es ihnen ermöglichte, ihre Design-Entscheidungen und -Bewertungen zu koordinieren. Alberti hingegen behauptet, »daß die Entscheidungen, die im Design getroffen werden, nicht zufällig seien«, daß »ein Ding schön zu finden nicht nur Meinungssache sei, sondern daß es einer geheimen Argumentation und Auseinandersetzung entspränge, die im menschlichen Geist vorgebildet sei«,[3] und daß »Schönheit in der Baugestalt und den Bauformen« etwas sei, das »den Geist unmittelbar mit Vergnügen und Bewunderung erfülle«.[4] Er schlägt vor, das göttliche Modell im Design-Vorgang zu ersetzen durch Empfehlungen eines jedem Designer wie Benutzer eingeborenen Mechanismus, »eine Art natürlichen Instinkts, mit dessen Hilfe wir alle – ob wissend oder unwissend – sicher treffen, was bei der Erfindung oder Ausführung von Dingen richtig und was falsch ist; woher es auch kommt, daß, wenn sich uns ein Ding darbietet, das lahm ist oder (...) häßlich, wir uns sofort zu dem Wunsch bewogen fühlen, daß es schöner sein solle.«[5]

Andererseits weiß Alberti, daß es »Eigenschaften gibt, die unmittelbar aus der Natur stammen, wie Schwere, Leichtigkeit, Dicke, Klarheit, Dauerhaftigkeit usw., die ein Werk wunderbar machen« und die versöhnt werden müssen mit »dem Plan und der Erfindung des Geistes«.[6] Er schlägt sogar eine Methode vor, nach der sich Normen aus dem von Natur Gegebenen ableiten lassen: »Wir haben eine Reihe von Körpern ausgewählt, die von den Kunstverständigen als besonders schön betrachtet werden und haben die Dimensionen eines jeden gemessen. Dann haben wir sie miteinander verglichen, und indem wir die übertriebenen Maße, die unter- oder oberhalb gewisser Grenzen waren, ausschlossen, wählten wir diejenigen aus, die sich durch die Übereinstimmung in vielen Fällen als Durchschnitt erwiesen.«[7]

Aber weder Alberti noch irgendeiner der zeitgenössischen Designer und Design-Theoretiker hat diese »psychologische« oder »naturwissenschaftliche« Verfahrensweise weiterverfolgt. Sein Vorstellungsinstrumentarium reichte nicht aus, um einen so radikalen Bruch mit der Tradition so schnell herbeizuführen. Statt dessen entwickelte Alberti eine andere Einstellung gegenüber dem Design, die ich als »Historismus« bezeichnen möchte. Er wies darauf hin, daß Designer in den »Beispielen (...) der Alten und in den Vorschriften großer Meister« und »in der Richtigkeit edler Werke« leicht das Vorbild finden können, das ihre Entscheidungen lenken wird, so daß sie nicht in den Fehler verfallen werden, »den Launen der Modernen« nachzurennen. Durch die Alten und ihre Studien, die darauf hinzielten, »die Gesetze zu entdecken, nach denen die Natur selbst ihre Werke hervorbringt, um sie auf das Geschäft der Architektur zu übertragen«, hofft er, auf jene »geheime Argumentation und Auseinandersetzung« zu stoßen, die notwendig ist, um den Architekten in seinen Design-Entscheidungen richtig zu lenken. Alberti spricht mit großem Enthusiasmus über seine Erfahrungen mit den »antiken Überresten«. Seine Studien waren genau und erschöpfend: »Es gab kein Fragment irgendeines antiken Gebäudes von einiger Bedeutung, das ich nicht genau untersucht hätte, um zu erkennen, ob nicht irgendetwas von ihm zu lernen wäre. So forschte ich unausgesetzt, überlegte, nahm Maß und fertigte Zeichnungen von allem an, wovon ich erfahren konnte, bis die Zeit da war, daß ich jeden Plan und jede Erfindung, die in jenen antiken Überresten verwendet worden waren, sicher beherrschte; und so wurde mir die Mühe des Schreibens erträglich durch den Wissensdurst und das Vergnügen, ihn zu stillen.«[9]

Der Historismus kann als ein erster Schritt zur Einführung empirischer Methoden im Design betrachtet werden. Der Designer beruft sich nicht länger auf einen Prototyp angeblich göttlichen Ursprungs; er sucht vielmehr nach einer Anleitung durch »vorhandene«, bereits vom Menschen hergestellte Vorbilder. Er beobachtet, beschreibt, bewertet Bauten, die in der Vergangenheit errichtet worden sind oder die in Abhandlungen über die Vergangenheit dargestellt werden. Andererseits ist die Einführung des Historismus in den Design-Prozeß während der Renaissance nicht nur das Ergebnis einer Unzufriedenheit mit der praktischen Umsetzung des göttlichen Modells, sondern auch mit dem, was die sich nun ausbildende *gewöhnliche* Umwelt kennzeichnet. Diese Umwelt ist, wie bereits erwähnt, auf das Ziel hin entworfen, eine möglichst zweckmäßige Produktion von materiell Nützlichem zu ermöglichen. Sie beruht außerdem auf einer Gesellschaft, die nicht um die gleiche Verteilung von Macht unter ihren Mitgliedern bemüht ist, die also des *sozialen* Nutzens, der die prä-rationale Gesellschaft auszeichnete, beraubt ist. Daher drückt die Suche nach einem Modell für eine repressionsfreie Umwelt in den Trümmern und Ruinen vergangener Bauten die Sehnsucht nach einer verlorenen Lebensumwelt jenseits der Epoche der Repressionen aus.

In den *Hypnerotomachia Poliphili*, dem gefeierten Liebes-Epos der Renaissance, das die Designer der Epoche ungeheuer stark beeinflußt hat, treten die Kennzeichen des Historismus klar zutage.[10] Im Text finden wir eine Vision der vom Menschen geschaffenen Umwelt, wobei die alte Welt in Trümmern liegt, aber diese Trümmer sind ein Reich der Schönheit und Vollkommenheit, mit der kein zeitgenössisches Erzeugnis des Design verglichen werden könnte. In dieser Umwelt spielt sich die Geschichte einer idealen und vollkommenen Liebe ab, mit der wiederum keine Beziehung der gegenwärtigen Gesellschaft sich vergleichen ließe. Die Schönheit dieser verlorenen Welt läßt sich nur in der Dichtung *selbst* – als ihrer Neuschöpfung – wiederfinden. Dieses einflußreiche Epos sollte noch Jahrhunderte später »als Traum voller Weisheit und Geheimnis« zitiert werden.[11] Aber der Historismus sucht die Kennzeichen und Eigentümlichkeiten einer repressionsfreien Lebensumwelt in den Design-Objekten der Vergangenheit und nicht in den Besonderheiten und Charakteristika des archaischen prä-rationalen Gesellschaftssystems.[12]

Die Design-Theorie der Renaissance sowie die Untersuchungen Albertis enthalten noch eine Reihe weiterer Aspekte außer dem des Historismus. Wenn es allerdings um praktische Hinweise geht, so beschränkten sich Alberti – wie auch andere Designer der Renaissance – in ihren Untersuchungen darauf, die prä-rationalen mittelalterlichen Standard-Regeln des Design zu akzeptieren, ohne ihren Ursprung zu kennen und in der Vorstellung, daß sich mit diesen Regeln nicht allein die Architektur der Antike erklären ließe, sondern auch, daß sie aus dem Studium der Natur abgeleitet seien und genau der Beschaffenheit des menschlichen Geistes entsprächen. Die logische

Konsequenz aus Albertis grundlegenden Überlegungen wurde sehr bald erkennbar. Denn obgleich einige Punkte in seiner Untersuchung wie eine Rekapitulation prä-rationaler Design-Vorstellungen klingen – nur daß sie »ausgesprochen« und auf systematische Weise »bewußt gemacht« sind –, enthält seine Analyse dennoch Neues und Weiterführendes. Ihr Kernpunkt, die Herbeiführung der *inneren* Kongruenz der einzelnen Teile eines Bauwerks, tritt an die Stelle des Ziels aller prä-rationalen Design-Prozesse, nämlich der Kongruenz des einzelnen Bauwerks mit dem kosmologischen Modell, das ihm von außen entgegengehalten wird. Während prä-rationales Design sich mit numerischen Relationen befaßt, die dann als vollkommen gelten, wenn sie auf das göttliche Modell bezogen sind, »fügte (...) die Renaissance die Vorstellungen von der Übereinstimmung aller dieser Relationen und von ihrer Integration in ein Ganzes hinzu«[13], indem sie sie grundlegend aufeinander bezog. Nicht nur jedes *einzelne* Bauwerk wird zum Ausgangspunkt weiterer visueller Grundmuster, die eben durch diesen Bau ihre Rechtfertigung erfahren, es wird ausdrücklich festgestellt, daß auch der Geist des *einzelnen Designers* als Maßstab für den Entwurf eines Grundmusters gelten kann.

In der Hoffnung, eine repressionsfreie Umwelt für den Menschen zu schaffen, hatten Generationen prä-rationaler Designer durch mühevolle und geduldige Nachahmung des göttlichen Modells in »Zahl, Maß und Gewicht« Formen und Muster entwickelt, die nun zu bloßen Anreizen für das sinnliche Vergnügen des einzelnen wurden. Als Folge davon meinte man, daß Design nicht länger mit ernsthaften Dingen – wie etwa dem Schutz des Lebens oder der Steigerung der Fruchtbarkeit – zu tun habe. Mit dem Verfall des Glaubens an die alten Gesetze schwindet auch die Notwendigkeit für Gesetze überhaupt. Seit der Renaissance wird Architektur, als Kunst, sogar hoch geehrt. Sie ist nicht mehr ausschließlich beherrscht von einem ausgebildeten System kontrollierbarer Regeln, ihr Ziel ist vielmehr, die Sinne zu befriedigen – »un' Arte adulatrice che non vuole punto per la ragione disgustare il senso.«[14]

Von Bauformen sollte nicht erwartet werden, daß sie einen Sinn haben, sondern daß sie Empfindungen erregen können. Sie sollten nicht die abstrakten Strukturen des göttlichen Modells nachzeichnen, sondern die konkreten Gefühle hervorrufen, die der menschliche Körper zu empfinden in der Lage ist. So wandelt sich die Rolle der Geometrie im Design-Prozeß allmählich: Sie spiegelt nicht mehr den geheimen Plan der »Himmlischen Stadt« wider, sie trägt dazu bei, die greifbare Wirklichkeit eines »gefälligen Objekts« zu schaffen.[15]

Die deutlich voneinander unterschiedenen Design-Einheiten, die sich aus den späteren Entwicklungsstufen des prä-rationalen Verfahrens und Verhaltens entwickelten, verlieren ihre Bedeutung, indem sie aus

ihrem eigentlichen Kontext herausgenommen und von nun an auf »abstrakte« Weise neu angeordnet werden. Während und nach der Renaissance galt Wiederholung, Gliederung und Integration der Massen als die grundlegende Methode, die Materie zu organisieren. Dadurch hoffte man, den Eindruck von Entlastung und Sicherheit, ja mehr noch, von Verzauberung und berauschender Harmonie hervorzurufen. Da man keinerlei Anleitung von einer übermenschlichen, der kosmischen Ordnung entstammenden Formel erwarten konnte, mußte der Designer nach individuellen Wünschen forschen. Wenn diese individuellen Wünsche Regellosigkeit nahelegten, dann ließ man sich eben von dieser Regellosigkeit bei der Anordnung des Design-Produkts leiten. An die Stelle des frommen prä-rationalen Designers, der nach göttlicher Schönheit und Reinheit strebte, trat der Renaissance-Designer, von dem, nach den Worten Albertis, erwartet wurde, daß er »der geheimen Überlegung und Auseinandersetzung, die dem menschlichen Geiste innewohnen«, gehorcht. Diese Suche nach »der geheimen Überlegung und Auseinandersetzung« brachte später den »spekulativen« Designer hervor, der nach der Schönheit der Illusion sucht und sich von einer »angenehmen Unordnung und kunstvollen Verwirrung« von der »Vielfalt zusammenhangloser Teile« eine Befriedigung des »Spekulativen Geistes« erwartet.[16] In einem Design der Regellosigkeit manifestiert sich die neugewonnene Freiheit von Regeln und Einschränkungen, von den trockenen Schemata der prä-rationalen Normen. Die spekulativen Designer traten einer Reihe prä-rationaler Design-*Regeln* entgegen, die, wie es sich ihnen darstellte, nicht in der Lage waren, menschliche Unterdrückung zu besiegen, und die den Menschen um jeden möglichen Genuß brachten. (Andererseits stehen sie nicht an, einige der Formen nachzuahmen, wie das Beispiel des Historismus zeigt.)
»Um den Eindruck richtiger Proportionen zu erreichen, muß die Architektur sich von den Regeln und den tatsächlichen Proportionen lösen.« (per serbare la dovute proporzioni in apparenza, l'Architettura devesi partire dalle regole, e dalle vere proporzioni.«[17]
Die Möglichkeiten zu einer neuen Methodologie des Design – wenn man sie so nennen will – tauchen zusammen mit neuen Vorstellungen von einer befreienden Umwelt auf. Diese Methodologie gründet sich auf das imaginative Vermögen, auf das heimliche Diktat des spekulativen Geistes und verzichtet ganz und gar auf Objektivität. Die befreiende Umwelt ist die Umwelt, in der sich Imagination betätigen kann, in der das Denken nicht eingeengt wird. »Ich verlasse manchmal gern die ausgetretenen Pfade, allein, um mich ungehemmt zu bewegen oder doch um Störungen durch die emsige Menge zu vermeiden; und dann hat meine Imagination mehr Raum, in dem sie sich betätigen kann.«[18]

Der spekulative Geist war nicht länger darauf gerichtet, die Freiheit in der Schönheit (der göttlichen Ordnung) zu finden, sondern darauf aus, den Eindruck von Schönheit in Freiheit für einen kurzen Augenblick darzubieten und dabei alle Regeln außer acht zu lassen. »Del vero più bella è la menzogna« – Täuschung ist schöner als die Wirklichkeit.[19]

Diese fröhliche Bewegung der Sinnenlust und Illusion hatte nur eine sehr kurze Dauer. Da sie für sich in Anspruch nimmt, von jedem System einer äußeren Rechtfertigung unberührt zu sein und nur das unmittelbare Vergnügen des Designers und des Benutzers zu kennen, läßt sie sich weder als im eigentlichen Sinne prä-rational noch als rational kennzeichnen. Jedenfalls besaß sie oberflächliche *irrationale* Kennzeichen. Ihre Anhänger waren überzeugt davon, daß es möglich sei, eine repressionsfreie Umwelt zu schaffen, indem man sinnliches Verlangen ausdrückt. Da sie auf der anderen Seite behaupteten, daß eine repressionsfreie Umwelt aus »gefälligen Gegenständen« bestünde, war diese Bewegung ein Übergang, der dem rationalen Design den Weg bereitete.

Diese Bewegungen des Historismus einerseits, des Sensualismus und Illusionismus andererseits trugen mit ihren teils heiteren, teils bitteren Argumenten dazu bei, die neuen Ziele zu formulieren; sie befaßten sich allerdings niemals mit den Methoden, mit Hilfe derer diese erreicht werden konnten. Sie trugen weiter dazu bei, eine Reihe neuer Kriterien für die Beurteilung von Design-Objekten zu definieren, ließen aber den Design-Vorgang selbst, das heißt die Entwicklung einer wirksamen Design-Methodologie, nach der diese Objekte hergestellt werden könnten, völlig außer acht. Design-Erzeugnisse sind keineswegs mehr Kommunikationsmittel einer zusammenhängenden Gesellschaft. Sie sind Zeichen für ergriffene Macht. Folgerichtig haben schöne Gegenstände nicht ihren Wert in sich, sondern durch das, was sie repräsentieren. Der Mensch, der sie besitzt, hat weder den Gegenstand selbst noch seine Schönheit. Was ihn entzückt, sind nicht die Proportion, die Ornamente, die Materialien. Es ist die Macht, die er in Händen hält, um andere zu beherrschen.

Die selbstherrliche Schönheit des Perrault

»*Und wenn es irgendeine Verbindung zwischen dem Ornament und der Liebe gibt, so die, daß diese Schale ein Symbol ist für den Schoß der Welt.*«[1]

In ihren visuellen Grundmustern zeigt die Organisation der von Menschen geschaffenen Umwelt während der Renaissance Zusammenhang und Konsequenz. Die Design-Theorie dieser Epoche andererseits ist in sich widerspruchsvoll. Prä-rationale Design-Regeln bestehen neben rationalen Rechtfertigungen für Design-Objekte. Bauwerke scheint man teils als eine Ansammlung von Zeichen angesehen zu haben, die alle die Struktur des göttlichen Modells widerspiegeln, teils als befriedigung hedonistischer Bedürfnisse. Gelegentlich wurden sie auch als Nachahmung der Natur oder der »Alten« betrachtet.[2] Seltsamerweise haben alle diese voneinander unabhängigen Einstellungen zum Design sich gegenseitig in der Zerstörung des prä-rationalen Design bestärkt und mitgewirkt, ein rationales Design-Verhalten herbeizuführen.

Durch den Historismus, der die Werke der Alten als Vorbild für die Bauten der Zukunft empfahl, sind die Grundmuster vergangener Design-Erzeugnisse bewahrt und klassifiziert worden. Der kühle Blick des Sammlers tritt an die Stelle der blinden Hingabe des Gläubigen. In Katalogen von Bauwerken entsteht konzentriertes Informationsmaterial zu verschiedenen Design-Erzeugnissen der Vergangenheit. Da so eine Art Datenbank verfügbar ist, kann man die vergangenen Design-Formen ausprobieren; alle ihre Möglichkeiten können erschöpft und entweder akzeptiert, verworfen oder entsprechend den neuen Zielen, denen der Designer genügen muß, abgewandelt werden. Der Historismus war also eine Voraussetzung des rationalen Design. Auf der anderen Seite sind die Grenzen des »Historismus« als einer ausschließlichen Design-Methodologie ganz offensichtlich. Eine bloße Sammlung von Baudokumenten genügt nicht. Wenn historische Beispiele das göttliche Modell ersetzen sollen, so bleibt die Frage: Welche sollen als Vorbilder ausgewählt werden? Und warum gerade diese? Der Historismus ging von der Annahme aus, daß die Alten grundlegende Gesetze gefunden hätten, aus denen alle ihre Design-Entscheidungen abgeleitet waren. Außerdem aber hing der Historismus von einem empirischen *Test* ab, dem er nicht standhielt. Als nämlich genügend Daten über die »Überreste« gesammelt worden waren, zeigte sich, daß es viele Inkonsequenzen und Widersprüche gab, die erkennen ließen, daß die Alten keineswegs fundamentalen Geset-

zen gefolgt waren. Und wenn es *a priori* keine derartigen Gesetze gegeben hatte, konnte man sie *a posteriori* nicht festlegen.
Die »psychologische«, genießerische Einstellung zum Design, der andere Standpunkt, der ganz offensichtlich während der Renaissance eingenommen wurde, übernahm die Muster und Formen des prärationalen Design als bloße Anzeige für ein sinnreiches Vergnügen. Ebenso wie der Historismus versuchte auch die »psychologische« Einstellung, empirisch zu verfahren. Ihre Begrenzungen zeigten sich wiederum schnell durch das Studium und den Vergleich antiker Bauten.
Auch die Idee, daß Design-Regeln im menschlichen Geist vorgebildet oder aus der Natur abzulesen sind, war leicht zu widerlegen. Der französische Architekt Claude Perrault (1613–1688) bemerkte am Vorabend des Jahrhunderts der Aufklärung, wenn es solche Gesetze des Geistes gebe, und zwar »sicher und unveränderlich (...), die nicht von uns abhängig, sondern von der Natur mit so großer Genauigkeit bestimmt und festgelegt sind, daß sie ohne unmittelbaren Schaden nicht geändert werden können, folge daraus notwendig, daß Bauwerke, die nicht die wahren und natürlichen Proportionen haben, die sie, wie es behauptet wird, haben können, in allgemeiner Übereinstimmung oder doch durch diejenigen verurteilt werden müßten, die in dieser Sache durch ihre Kenntnisse und Fähigkeiten die befugten Richter sind ...« Es zeigt dann, wie visuelle Muster von Architekten ohne eindeutige Konsequenz »in einer ungeheueren Anzahl von Experimenten« und über »fast zweitausend Jahre« hervorgebracht und alle gleich und mit unvermindertem Vergnügen aufgenommen worden sind.[3]
Obgleich Perrault mehr als der für die *Ostfront* des Louvre verantwortliche Architekt bekannt ist und nicht so sehr wegen seiner Theorien, gehören gerade diese Theorien zu den klarsten, konsequentesten und systematischsten Versuchen, alle noch übriggebliebenen Hypothesen und Vorstellungsgrundlagen des prä-rationalen Design zu zerstören. Perraults Untersuchung bildet den Übergang von den sehr vermischten Auffassungen der Renaissance zu einer konsequenten rationalen Theorie des Design, die dann erst im 18. Jahrhundert deutlich hervortritt. Es ist beim Studium seines Essays nicht nur interessant festzustellen, wie sich die rationalen Argumente und welche neuen Verhaltensweisen sich entwickeln, sondern auch, welche Gesichtspunkte vergessen oder unterdrückt werden. Wiewohl es Perraults Ziel war, den Glauben an die Theorie, daß Gebäudeformen göttlichen Ursprungs seien, als irrig zu beweisen, als auch Doktrinen wie den »Historismus« und den »Hedonismus« als unbewiesen zu erledigen, scheinen seine Argumente zwar geistreich zu sein, machen aber den Gegensatz nicht deutlich. Zwar hielt er die Autorität der »Alten« für anfechtbar, entschuldigte aber den Historismus, der bis

dahin vorgeherrscht hatte, als Nebenprodukt »der Barbarei einer jüngstvergangenen Epoche«. Zwar nannte er die Autoritäten der Vergangenheit nicht »Kadaver«, wie es später Milizia tat, aber er verwies doch auf die schwächliche Einstellung einer »grenzenlosen Hochachtung (...) gegenüber der Antike, die so oft bei (den Architekten und) den meisten, die Humanwissenschaften betreiben«, anzutreffen sei. Eine solche Hochachtung sei unfruchtbar, so argumentierte er; Designer halten es dann für eine »weitaus größere Ehre, das Beispiel gefunden zu haben, auf das sie sich beziehen können (...), als die Wahrheit der Dinge zu entdecken«, das heißt, die eigentliche Motivation hinter ihren Design-Entscheidungen.
Um eine Konfrontation mit der Kirche zu umgehen – weil er nämlich gleichzeitig die Architektur von einem nicht-rationalen Vorstellungssystem befreite –, unterschied Perrault zwischen »einer Hochachtung, die heiligen Gegenständen, und einer, die nicht heiligen gebührt«. Offene Meinungsverschiedenheiten im Hinblick auf die rationale und prä-rationale Einstellung zu Design ergeben sich in der Design-Theorie erst spät, verglichen mit denen zu Theorien über den Bau des Universums.
Perraults Argumentation erinnert an die Art und Weise, wie Galilei etwa achtzig Jahre vor ihm versuchte, den Konflikt mit den kirchlichen Autoritäten zu umgehen. Galilei war sich bewußt, daß die Struktur der dinglichen Welt, die er anbot, unvereinbar war mit der Struktur, die sich aus dem göttlichen Modell ergibt, wie es in der Bibel beschrieben wird. Er wies also zu jener Zeit darauf hin, daß seine Untersuchungen nicht in die Domäne der Theologie fallen sollten, und war der Ansicht, daß ein Astronom, wie auch »ein Arzt oder ein Architekt« es mit »physikalischen Wahrheiten« zu tun habe, »die sich handfest darlegen lassen«. Die Theologie sollte daher wie ein kluger Despot verfahren, der seine Fachleute, obgleich sie ihm dienstbar sind, tun läßt, was ihnen »ihre eigenen Beobachtungen und Beweise« zu tun vorschreiben. Er riet der Theologie, sich kritisch mit Theorien zu befassen, »die nicht kraftvoll dargelegt sind«, Theorien, »die nur mitgeteilt werden«, wie zum Beispiel andere Religionen. In solchen Theorien muß alles, »was der Bibel widerspricht, für irrig außer jedem Zweifel gehalten und mit allen Mitteln als solches bewiesen werden«.[4] Ähnlich wies Perrault darauf hin, daß der »Geist der Unterwerfung beim Lernen« »der Wahrheit (...), welche die Religion uns bietet«, angemessen ist, daß »uns aber erlaubt sein möge«, Hypothesen, die im Hinblick auf den Entwurf von Bauwerken aufgestellt werden, »in aller Bescheidenheit zu untersuchen, zu kritisieren und zu bewerten«. Denn, das war seine Überzeugung, sie gehören zu dem Bereich der physikalischen Wahrheiten, die sich handfest darlegen lassen.

Perrault widerlegte die augustinische Prämisse einer durch die Gesetze von »Zahl, Maß und Gewicht« zusammengehaltenen Welt.
An ihrer Stelle führte er eine dualistische, teils heilige, teils gewöhnliche Welt ein, ein Vorschlag, der ja tatsächlich schon durch die Organisation der mittelalterlichen, von Menschen geschaffenen Umwelt in die Praxis umgesetzt worden war. Allerdings gehören in Perraults Analyse alle Bauwerke dem gewöhnlichen Bereich an. Er griff deshalb auch gewisse prä-rationale Forderungen als »abergläubisch« an, zum Beispiel die, daß gewisse Formen anderen vorzuziehen seien, weil sie Regeln[5] folgten, die »Gott Noah für den Bau der Arche, Moses für das Tabernakel und Salomon für den Tempel offenbart habe.«[6] Es gebe im Gegenteil, so meinte Perrault, keinerlei Hinweis darauf, daß »Gott (...) alle diese Proportionen den Architekten von Salomos Tempel vermittelt hat und daß die Griechen, die wir als deren Erfinder schätzen, sie von jenen Architekten gelernt haben«.
Perrault stellte sich dementsprechend die Aufgabe, die gesamte Architektur-Theorie, wie sie sich bis zu seiner eigenen Epoche entwickelt hatte, neu zu überdenken. Er kam zu dem Schluß, daß Design-Entscheidungen unter zwei Kategorien fallen: die eine bezieht sich auf »positive« Ziele, die andere hängt von eigenmächtig gewählten, von »subjektiven« Zielen ab.
»Positive« Ziele entstammen den Gesetzen der Natur. Der Designer kann nicht von ihnen abweichen, ohne »(seine Erzeugnisse) völlig nutzlos und fehlerhaft zu machen«. Aber positive Ziele sind nicht die einzigen in der Architektur. Für Perrault hatten »positive« Ziele etwas mit der Anwendung der Naturgesetze zu tun, die unabhängig vom Menschen, von seinem Verstand und seinen Sinnen existieren und die einer Verifikation durch einen unmittelbaren Bezug zur Natur mittels Beobachtung bedürfen. Diese Naturgesetze hatten mit der »Beständigkeit und der Zweckmäßigkeit von Gebäuden« zu tun und mußten vor allem bei »Bauwerken der Militär-Architektur und bei der Herstellung aller Art von Maschinen berücksichtigt werden (...) Die Verteidigungslinie (zum Beispiel) kann nicht länger sein als die Reichweite der Artillerie, noch kann ein Arm einer Waage kürzer sein als der andere, ohne diese Gegenstände völlig unbrauchbar und mangelhaft zu machen.« Diese Gesetze galten also für die Baukonstruktion und die Technik. Sie riefen nicht notwendig »ein Vergnügen und Entzücken des Auges« hervor: »Denn, wenn die unterschiedliche Länge der Waage-Balken unweigerlich dazu führt, daß die eine Seite notwendiger- und natürlicherweise ein Übergewicht über die andere hat, so folgt daraus doch nicht, daß eine bestimmte Proportion der Bauteile zueinander unbedingt eine Schönheit hervorrufen muß, die eine solche starke Wirkung auf den menschlichen Geist ausübt, daß sie ihn so selbstverständlich zu einer Anerkennung (...) nö-

tigt und zwingt, wie die richtige Proportion der Waage-Balken dazu führt, daß die Waagschale unweigerlich an der Seite sinkt, wo der längere Balken ist. Solches aber behaupten die meisten Architekten...« »Daher«, so folgert er, »gibt es eine Menge Dinge, die, obgleich sie dem Verstand und der richtigen Empfindung widersprechen, dennoch nicht verfehlen, Vergnügen zu erregen.«[7]
Zusätzlich zu den »positiven« Zielen erkannte Perrault also auch Design-Entscheidungen an, die weder durch das göttliche Modell erklärt, »noch auf die Nachahmung der Natur gegründet« sind (weil sie nämlich »unabhängig von der Natur« und eine Eigentümlichkeit des Geistes sind). Diese nannte er die »selbstherrlichen Schönheiten« und hielt sie für sehr wichtig.
»...Es ist das, was die wahren Architekten von den anderen unterscheidet«, darauf bestand er. Da »subjektive« oder unbegründete Ziele sich nicht von irgendeinem göttlichen oder natürlichen Modell ableiten lassen, sind sie auch nicht »wahr in sich«: Sie »haben nichts Liebenswertes *an sich*«. Aber sie sind auch wieder nicht nur zufällig. Ihr System läßt sich »durch lange Beobachtung der Regeln entdecken, die allein der *Gebrauch* festlegen kann und von denen die richtige Empfindung uns niemals die geringste Kenntnis hätte vermitteln können.« Perrault kennzeichnet diese Regeln in seiner Interpretation – in sehr ähnlicher Weise wie die »bürgerliche Gesetzgebung« – als *das ausschließliche Produkt der Gesellschaft*. Aber er geht sogar noch weiter, wenn er die Art und Weise, wie diese »selbstherrliche Schönheit« geschaffen wird, als abhängig von Sitte und Gewohnheit definiert. Obgleich Alberti sich kurz auf sie bezieht (»Das Abweichen von festgelegten Sitten und Gewohnheiten raubt einem Gegenstand im allgemeinen seine Schönheit, während die Übereinstimmung mit ihnen Beifall erhält und mit Erfolg einhergeht«[8]), hat diese Überlegung doch innerhalb seiner Gesamttheorie kein Gewicht. Für Perrault wird sie zur Schlüssel-Idee seiner gesamten Design-Theorie. Wie sonst läßt es sich erklären, daß Design-Entscheidungen mit einem hohen Grad von Zustimmung akzeptiert werden, obgleich ihre Form weder durch das göttliche Modell, noch durch die Naturordnung, noch durch die Beschaffenheit des menschlichen Geistes bestimmt wird? »Sitte und Gewohnheit«, meint Perrault, ist »eine Verbindung, die der menschliche Verstand zwischen zwei Dingen verschiedener Natur herstellt, denn durch diese Verbindung kommt es dazu, daß die Wertschätzung, die der Verstand von vornherein für einige Dinge besitzt, deren Wert er kennt, unwillkürlich auch eine Wertschätzung von Dingen herbeiführt, deren Wert unbekannt ist, und den Verstand so unmerklich dazu bringt, sie gleichermaßen zu achten. Dieses Prinzip ist die natürliche Grundlage allen Glaubens, der nichts anderes ist als die Wirkung dieser Voreingenommenheit,

durch welche die Kenntnis und die gute Meinung, die wir von jemandem haben, der uns einer Sache versichert, deren wahre Beschaffenheit wir nicht kennen, uns dafür einnimmt, sie nicht in Zweifel zu ziehen. Diese Voreingenommenheit läßt uns zum Beispiel die Dinge, die am Hofe Mode sind, und die Art, wie dort gesprochen wird, gutheißen: Denn die Achtung, die wir für die Verdienste und die anmutigen Sitten bei Hofe haben, läßt uns sogar die Kleidung, die dort getragen wird, und die Sprechweise lieben, obgleich diese Dinge an sich nichts Liebenswertes besitzen und nach kurzer Zeit auch abstoßend wirken, obgleich sie keiner Veränderung unterworfen worden sind.«

Perrault erkannte, daß die prä-rationale Design-Methodologie völlig unzeitgemäß geworden war. Und er merkte, daß es als Folge davon schwierig sein würde, die Gebäudeordnung allein aus visuellen Gesichtspunkten zu rechtfertigen, wenn es nicht gelang, eine ganz neue Einstellung zu bewirken. Darum entwickelte er die Vorstellung von positiven und subjektiven Kriterien als allgemeinen Rahmen für ein rationales System, das imstande war, Design-Entscheidungen zu rechtfertigen. In seinen Überlegungen vereint sich die gebaute Form mit materialen Zielen in einer solchen Weise, daß beides dem Experiment und der Verifikation unterworfen werden kann.

In diesem Essay ist die Gegenüberstellung von rationalem und prä-rationalem Design mehr im Sinne ihrer logischen Deutlichkeit als im rein historischen Verständnis entwickelt worden. Man könnte als Ergebnis dieser Überlegungen zu dem Eindruck gelangen, daß rationale Ziele vor der Renaissance unbekannt waren. Das ist hingegen keineswegs der Fall. Der römische Architektur-Theoretiker Vitruv beurteilte Gebäude nach drei voneinander unabhängigen Gesichtspunkten: nach Dauerhaftigkeit, Gebrauchsfähigkeit, Ansehnlichkeit (»firmitatis, utilitatis, venustatis«). Nach seiner Lehre wird die Lage eines Gebäudes durch gesunde Umweltbedingungen bestimmt; Holz wird wegen seiner Widerstandsfähigkeit gegen Feuer ausgewählt. In beiden Fällen stimmt die Überlegung, wenn man einen Bezug zu einer empirischen Beweisführung herstellt und nicht zu einem göttlichen Modell. Alberti übernahm die Dreiteilung des Vitruv ebenso wie Palladio. Mit geringfügigen Ausnahmen, versuchten die meisten Architektur-Theoretiker des 18. Jahrhunderts gleichfalls die drei Ziele miteinander zu versöhnen, unter der Voraussetzung, daß sie völlig unabhängig voneinander sind und nicht zu einer einzigen verschmolzen werden können. In den meisten Fällen – wie auch im Falle Perraults – hatten die visuellen Ziele Vorrang. Perrault vereinfachte schließlich die Dreiteilung des Vitruv zu einer Zweiteilung: in rationale Ziele, für die Design-Entscheidungen einer Verifikation durch einen Rückzug zur Natur unterworfen sind, und in irrationale Ziele.

Perraults Verfahrensweise hatte eine rationale, soziologisch orientierte Theorie einer visuellen Ordnung zum Ziel. Er war der Ansicht, daß die Architektur der gleichen Kategorie der vom Menschen geschaffenen Umwelt angehöre wie die Mode und die Verhaltensweisen. Alle drei bildeten jeweils ein Netzwerk sozialer Kommunikation, oder, wie wir heute sagen würden, sie gehörten zu einem soziologischen System. Perrault hatte bewiesen, daß Architekturformen keinen »eingeborenen« Wert hatten, sondern daß ihr Wert, wie der des Geldes, im Hinblick auf ihren sozialen Nutzen festgelegt ist, im Hinblick auf ihre potentielle Wirksamkeit also. Daher ist es die Funktion visuell wahrnehmbarer Formen, bis dahin wertlosen Design-Erzeugnissen einen künstlichen Wert zu verleihen, indem man sie so gestaltet, wie es die Machtstrukturen einer Gesellschaft – in Perraults Fall der Hof – verlangen. Die Mitglieder der Gesellschaft wiederum eigneten sich die Bedeutung dieser Bauformen, die ihnen die gesellschaftliche Machtstruktur auferlege, in einer sozialen Interaktion an, die wir »Sitte« nennen.

Perrault lieferte zwei wesentliche Beiträge: a) er zeigte, daß es unabhängig voneinander »positive« und »subjektive« Kriterien gab, und b) er wies nach, daß zum Beispiel Architekturformen eine Bedeutung, einen semantischen Wert haben, der sich aus der gesellschaftlichen Struktur, genauer aus der Machtstruktur der Gesellschaft ergibt. Perraults Angriff auf die inzwischen überholten, starren und autoritären prä-rationalen Design-Methoden kann als eine aufrichtige Reaktion auf Albertis Theorie betrachtet werden, die ja besagte, daß Design-Objekte angenehme Vorstellungen im menschlichen Geist hervorrufen, und die darauf hinzielte, die prä-rationale Auffassung von der menschlichen Umwelt als der Erweiterung oder der Reflektion eines göttlichen Modells zu zerstören. Die Zeichensprache der Antike war also bereits ihrer ursprünglichen Bedeutung entleert übernommen worden. Hinter den Hoffnungen auf eine Lösung der Konflikte und Widersprüche in der von Menschen geschaffenen Umwelt, hinter der Formulierung neuer Ziele für diese Umwelt, dämmerten die weitaus schwereren Konflikte zwischen den verschiedenen sich herausbildenden sozialen Gruppen herauf. Perraults Vorgehen reflektiert in gewisser Weise die erfolgreichen Bemühungen, die prä-rationale Bedeutung von Design-Produkten als Zeichen eines gesellschaftlichen Zusammenhangs und einer Gemeinsamkeit zu Zeichen einer Machtakkumulation und daher zu gleichfalls anzuhäufenden Objekten zu transformieren. Mit dem Palast wurde der Versuch unternommen, die von den Architekten bisher verwendeten kosmologischen Modelle von den letzten ›heiligen‹ Erscheinungsformen zu befreien. Indem sich Perrault zum Stimmführer dieses Wunsches machte, schlug er vor, Architekturformen als »Sprechweise bei Hofe« zu verstehen, als Gegenstand des königlichen Machtbereichs also, als dessen Wünschen zu Diensten.

Perraults Beitrag geht über die historischen Bedingungen hinaus, die in gewisser Weise seine Rolle und sein Denken bestimmten. Er verstand Architektur in einem Sinne, der den neuesten Entwicklungen der Architektur-Theorie und der heutigen Interpretation von Vorstellungssystemen sehr nahe kommt, und dies zu einer Zeit, da eine Regeneration der visuellen Ordnung durch Design möglich erschien. Er akzeptierte die Unabhängigkeit visueller Kriterien in der Architektur, und zwar in dem Bemühen, den Design-Prozeß zu erweitern statt ihn einzuschränken. So wie Lévi-Strauss oder Roland Barthes es heute für verschiedene Bereiche tun, kam er dazu, Bauten als Teil eines größeren semiologischen Systems zu betrachten, zu dem alle von Menschen geschaffenen Objekte gehörten; wie Wittgenstein erkannte er, daß ästhetische Urteile nur möglich sind, wenn man das urteilende Subjekt in ein »Gebrauchs«-System einbezieht und wiederum die Abhängigkeit dieses Systems von der »Lebensweise« sieht, wobei man von der Tatsache auszugehen hat, daß es in jeder Epoche eine andere Organisation der Gesellschafts-Struktur gibt, daß jeweils »ein ganz anderes Spiel« (von der Gesellschaft) »gespielt wird«.[9]

Der ergiebige und umfassende Zugang zur Architektur und die eingehende Selbsterforschung, die Perrault auszeichneten, schufen keine Tradition in der Architektur-Theorie. Statt dessen folgte eine Auffassung, die auf den »Natur«-Gesetzen beruhte. Eine solche Auffassung verschleierte die zufällige Struktur einer Gesellschaft, die ihre Machtorganisation unverändert beibehielt. So orientiert sich die rationale Design-Theorie mehr am Dienste für die Macht in der Gesellschaft, anstatt objektiv nach der Aufgabe zu forschen, die diese Gesellschaft bei der Determinierung von Design-Entscheidungen für eine vom Menschen geschaffene Umwelt hat. Perraults tiefe und ergiebige Beobachtungen mündeten also in eine eingeschränkte und sterile Auffassung von Design, bei der alle Design-Entscheidungen in der einen Formel untergingen: »Die Form folgt der Funktion«, »Proportion (...) heißt (...) Funktionsrichtigkeit.«

Eine Blume von ewiger Jugend

Rationalistische Architektur heißt, wie wir bereits gesehen haben, nicht darum so, weil sie uns in die Lage versetzt, auf sie die Regeln der Rationalität, der Logik anzuwenden. Sie hat mehr damit zu tun, daß induktive Methoden, Analyse, Vergleich, Beobachtung und Experiment (Aspekte, die aus der Beschaffenheit des menschlichen Geistes abgeleitet sind) auf die Design-Tätigkeit ausgedehnt werden, und zwar in Verbindung mit einer anderen als fundamental angenommenen menschlichen Fähigkeit, nämlich »einer gewissen Neigung der menschlichen Natur (...), Handel zu treiben und einen Gegenstand gegen einen anderen auszutauschen«.[1] Mit anderen Worten: Rationalistische Architektur ist nicht nur das Ergebnis der Entwicklung gewisser Methoden, die geeignet sind, die Erzeugung materiellen Nutzens durch Design-Objekte unter Kontrolle zu halten, sie kennzeichnet auch das allmähliche Entstehen einer Gesellschaft, die auf der Funktion des Marktes und der des Kapitals beruht. Es ist also nicht möglich, die Entwicklung einer rationalistischen Architektur-Methodologie zu verstehen, wenn wir nicht die Entwicklung der Machtorganisation und die Rolle von Markt und Kapital als deren fundamentale Determinanten anerkennen. Diese neue Gesellschaftsordnung bildet einen neuen Aspekt des Menschen aus, den rationalistischen, ökonomischen Menschen; sein Ziel ist »Profitstreben«; er strebt nach Machtkonzentration – weitaus mehr als nach Festigung der sozialen Gemeinschaft; durch seine »materialistischen Neigungen« motiviert, kommt er dazu, »die geringere der größeren Mühe vorzuziehen«.[2]
Die Architektur stand vor einer neuen Aufgabe: Sie sollte dazu beitragen, die Machtkonzentration zu fördern und nicht mehr nur gesammelte Macht zu repräsentieren. Diese neue Anforderung wird die Design-Theorie im 18. Jahrhundert revolutionieren, aber nicht vor der Mitte des 20. Jahrhunderts versuchen, sie, diese Theorie tatsächlich zu bestimmen. Architektur-Theorie muß nicht nur neue Ziele und eine neue Technik in ihre »Praxis« einbeziehen, um uns nochmals an das Wort Jean Mignots im Disput der Kathedrale von Mailand[3] zu erinnern, sondern auch eine neue Rechtfertigung, eine neue »Wissenschaft«. Diese neue Wissenschaft eben wird die »wissenschaftliche Methode« sein, das »rationale Design«; aber wir dürfen nicht vergessen, daß »rational« in diesem Falle auch Begründung heißt und eine Ideologie ist, welche die Architekten-Zunft zu einem gesellschaftlich

akzeptablen Instrument für die Entwicklung der neuen Gesellschaft ausbilden wird.
Wenn wir uns nochmals die Argumente der Mailänder »Konferenz« ins Gedächtnis rufen, erkennen wir, daß unter »Wissenschaft« ein System von deterministischen Schlupflöchern verstanden wurde, ein Klassifizierungssystem. Es war eine auf dem göttlichen Modell beruhende Hypothese, die zu der Anwendung symbolischer Zeichen in der prä-rationalen Architektur führte. Mit dem Niedergang der prä-rationalen Methodologien, den die Entwicklungen in der prä-rationalen Gesellschaft selbst mit sich brachten, kam eine neue Definition von »Wissenschaft« auf. Diese neue Wissenschaft ging über das »freundliche Anordnen und Erläutern von Dingen«[4] hinaus. Worauf es nun ankam, war »nicht, durch Hypothesen zu erklären (...) sondern Annahmen zu machen und sie mit Hilfe der Vernunft und des Experiments zu prüfen«.[5] »Denn das Ziel, das sich diese Wissenschaft gesetzt hat, ist nicht die Erfindung von Argumenten, sondern von Anleitungen für bestimmte Arbeiten«,[6] »Anleitungen für *neue* Arbeiten«[7].
Die Design-Methodologie, die das 18. Jahrhundert übernahm, war diesen Anforderungen nicht gewachsen. Sie scheint vielmehr eine »Praxis« ohne »Wissenschaft« gewesen zu sein. Die Architekten fuhren fort, Objekte zu produzieren, ohne über einen wirksamen Mechanismus zu verfügen, der sie befähigt hätte, ihre Design-Entscheidungen und ihre Erzeugnisse im Hinblick auf die neuen Ziele zu bewerten. Die neuen rationalen Ziele hatten keine äquivalente Methodologie gefunden.
Wotton, der erste englisch schreibende Architektur-Theoretiker, beobachtete diese Diskrepanz schon im 17. Jahrhundert. »Die Methode der Beurteilung«, so sagte er, »steht schon von ihrer Natur aus im Gegensatz zu der Methode des Komponierens.« Denn: »... bei der Arbeit kann genaue Überlegung helfen, aber das Urteil kommt aus einem spontanen Verhalten.« Daher, so folgerte er, »möchte ich denken, daß es fast schwieriger ist, ein guter Kritiker zu sein, als ein guter Architekt.«[8] In dem Prozeß des »Urteilens« erscheint der Architekt als jemand, der Material nach Regeln sammelt, auf die er keinen Einfluß hat. Denn: »Alles, was ein Mensch tun kann, ist, natürliche Gebilde zusammenzufügen oder in Teile zu zerlegen. Den Rest verrichtet die ihnen innewohnende Natur, wie Bacon es formulieren würde.[9] Das Design-Erzeugnis wird als ein Teil der Natur angesehen, die derart in einer wissenschaftlich definierten Weise »zerlegt« wird, daß, wenn die Natur in diesem Erzeugnis ihre Arbeit verrichtet, es die erwünschten Eigenschaften erhält und so dem Menschen ein sinnliches Vergnügen bereitet. Wotton, ein Zeitgenosse Bacons, fand, daß die Architektur »von der natürlichen Struktur zu (...)

künstlichen fortschreitet.« Daher muß für ihn Design-Methodologie sich immer mit »irgendeinem Naturprinzip« identifizieren. Von jeder Disziplin, die der wissenschaftlichen Auffassung folgte, wurde erwartet, daß sie »eine Methode zur Erkundung der Wahrheit«, nämlich der Natur-Ordnung, besitze. Sonst würden ihre Adepten sich in der gleichen Weise verhalten, wie »alle Astrologen, die meinen, obgleich ohne Kenntnis über die Natur des Himmels und sogar ohne je genaue Beobachtungen von der Bewegung der Himmelskörper angestellt zu haben, dennoch fähig zu sein, deren Wirkungen anzugeben.«[10]
»Eine Methode (...) (besteht aus) bestimmten und einfachen Regeln; wenn ein Mensch sie genau beachtet, wird er niemals etwas Falsches für wahr erachten und niemals geistige Anstrengungen zwecklos aufwenden, sondern immer stufenweise sein Wissen vermehren und so zu einem wahren Verständnis von allem gelangen, was sein Vermögen nicht überschreitet.«[11]
Wie ich jedoch gezeigt habe, hatte sich die Architektur im 18. Jahrhundert noch nicht zu einer Praxis entwickelt, in der wissenschaftliche Methoden angewandt werden konnten. Im Gegensatz zu Albertis Überzeugung, daß die eingeborenen Fähigkeiten des menschlichen Geistes die Design-Entscheidungen des Architekten immer und folgerichtig lenken könnten, fand Chambers die Situation bestimmt von »einer solchen Vielzahl sich widersprechender Meinungen, die alle von einleuchtenden Argumenten gestützt werden, daß es schwierig ist, eine Wahl zu treffen oder das Wirkliche von dem bloß Scheinbaren zu unterscheiden.«[12] Die Architekten scheinen sehr in der Art der Astrologen vorzugehen, wie Bacon sie beschrieben hat. Zwei Faktoren wurden vor allem für die Schwierigkeiten verantwortlich gemacht, denen sie sich gegenüber sahen: einmal, daß dieser Berufsstand auf »Aberglauben« (Perrault), auf einem Komplex überholter Ziele und Methodologien der Vergangenheit beruhte, an die sich die ergebenen Anhänger immer noch klammerten, obgleich sie nicht mehr anwendbar waren, zum anderen, daß der Berufsstand auf einem »unsicheren Fundament« gegründet war.[13]
Im letzteren Falle war man der Ansicht, daß die Schwierigkeiten in dem Unvermögen der menschlichen Logik liegen, den verzwickten Charakter des Architekturproblems mit »seinen oft entfernten Bezügen« zu begreifen »... (und) es in allen seinen Kombinationen in den verschiedenen Zweigen dieser Kunst zu verfolgen, ehe es möglich ist, festzustellen, was Wahrheit und was Irrtum ist.« In dieser Hinsicht ähnelt die Architektur den Menschen, die, wie Descartes schreibt, »brennen vor unintelligentem Verlangen, etwas aufzuheben, was ein Vorübergehender vielleicht hat fallen lassen (...) (und wo dies geschieht, ist es nicht das Ergebnis eines) (...) größeren Fleißes (oder einer Methode), sondern nur von etwas mehr Glück.«[14]

Die Situation der Architektur im 18. Jahrhundert ähnelt unter verschiedenen Aspekten ihrer heutigen. Wie viele junge Kritiker dieses Berufes (die jedoch heute andere als rationalistische Ziele haben) meinten die von der üblichen Meinung abweichenden Theoretiker des 18. Jahrhunderts, daß die Architektur eine falsche Einstellung zu den Aufgaben habe, die sie erwarten.

Die Architektur sei auf dem falschen Wege, proklamierte Lodoli, ein venezianischer Franziskaner, der für den endgültigen Bruch mit der prä-rationalen Auffassung und den Beginn einer rationalen Methodologie eintrat.

Lodolis Schriften sind verlorengegangen; vielleicht aber hat er auch nie etwas geschrieben und gerade darum den Ruf, eine Art Sokrates zu sein.[15] Seine Ideen haben sich in den Schriften seines vertrauten und ergebenen Schülers Memmo erhalten; in denen von Milizia, einem aktiven und kreativen Propagandisten, und Algarotti, einem intelligenten und empfindsamen Dilettanten, Bezeichnenderweise wurden Lodolis Theorien von Memmo in einem Buch mit dem Titel »*Elemente der Architektur des Lodoli, welches ist die Praxis, mit wissenschaftlicher und nicht mit bloß launenhafter Eleganz zu bauen*«, zusammengetragen.[16] Die beste Darstellung von Lodolis Theorien finden sich hingegen weit eher in den Schriften von Algarotti – der ihnen in Wirklichkeit entgegentrat – als in den Schriften seiner Anhänger.[17] Es hat den Anschein, als ob Lodoli nicht so sehr ein nachdenklicher Analytiker gewesen ist wie Perrault, sondern vielmehr ein charismatischer Prediger und Visionär der künftigen Architektur. Er war nicht daran interessiert, die Architektur zu beschreiben, wie sie war. Er wollte vielmehr der Architektur ihre künftige Entwicklung vorschreiben. So wird sein ungeheurer Einfluß verständlich. Zweideutigkeit konnte er nicht dulden, einen Kompromiß nicht hinnehmen. Der Versuch verschiedener Architekten des 18. Jahrhunderts, eine rationale Einstellung zur Architektur zu gewinnen, indem sie die verschiedenen aus der historischen Tradition überkommenen Ziele miteinander versöhnten, war ihm unannehmbar. Chambers sowohl als auch Perrault setzen voraus, daß »Schönheit und Zweckmäßigkeit Eigenschaften sind, die nur sehr wenig Verbindung miteinander haben; in der Architektur sind sie manchmal unvereinbar (...) Und es gibt viele Dinge in der Kunst, die, obgleich sie von außerordentlicher Schönheit sind, doch in der Anwendung etwas offensichtlich Absurdes mit sich bringen«.[11] Lodoli sieht nur eine Möglichkeit, aus der Architektur eine wissenschaftsorientierte Praxis zu machen: alle Absichten, die mit einem Bau verfolgt werden, bis auf eine zu vergessen – bis auf die Vollkommenheit der Konstruktion nämlich – und aus dieser eine vollständige Methodologie zu entwickeln. Er beschränkt die Architektur-Theorie auf das Studium der »Natur, die

in der Lage ist, ein Material gegen das andere abzuheben und also auch die wissenschaftlichen Gründe für Proportionen darlegen kann.«[19]
Warum wählten Lodoli und die anderen Rigoristen dieses besondere Ziel, um die Architektur zu rationalisieren? Auch eine andere Auffassung wäre denkbar gewesen, zum Beispiel, die Gebrauchstüchtigkeit eines Gebäudes zu betonen oder Perraults Vorstellung von einer visuellen Ordnung. Zwang die Betonung der strukturellen Stimmigkeit in anderen Wissenschaften die Architektur, sich in gleicher Richtung zu entwickeln? Oder entwickelte sich dieser Aspekt in anderen Wissenschaften aus genau den gleichen Gründen wie in der Architektur? Dies ist ein Punkt, den wir im nächsten Kapitel untersuchen wollen. Wir werden dann sehen, was die Auffassung von der strukturellen Perfektion alles umfaßte.
Was auch immer dieser neue Gesichtspunkt dem Design gegenüber ermöglichte – er schuf eine starre und vereinfachende Einstellung zu den menschlichen Erzeugnissen. So kann man Lodoli und die anderen Rigoristen kritisieren, weil sie mit ihrem Versuch, rationale Prinzipien in der Architektur-Theorie anzuwenden, den Umfang der Architektur beliebig einschränkten. Es ist ebenfalls charakteristisch – besonders wenn wir die Schriften der Rigoristen mit denen Perraults vergleichen –, daß sie die Architektur aus ihrem sozialen Kontext lösten. Andererseits war ihre Rolle als antiautoritäre Theoretiker zweifellos von großer Bedeutung.
Die junge rationalistische Design-Bewegung betrachtete die versteinerten Überreste des Prä-Rationalismus als Fehlentwicklung, nicht nur, weil es damit unmöglich war, die Produktion von materiell Nützlichem zu maximieren, sondern auch, weil es Teil einer untergehenden Gesellschaftsordnung war, die sich repressiv auswirkte. Die überlebte-prä-rationalistische Einstellung war nicht nur ein Hindernis für einen neuen Design- und Produktionsprozeß, der das materiell Nützliche bewußt maximieren oder eine neue repressionsfreie Umwelt hervorbringen würde, es widersprach auch einer andersartigen Machtstruktur und behinderte sie. Die Attacken der Bewegung gegen den Prä-Rationalismus, der nun, von allem Sinn entleert, mit Repression gleichgesetzt wurde, sind doppeldeutig; denn andererseits forderte diese Bewegung die Entwicklung einer neuen Machtstruktur heraus. Aus diesem Grunde sind die Schriften des 18. Jahrhunderts höchst überzeugend, sofern sie kritisch sind und die Hoffnung auf eine Befreiung hervorrufen, während die neuen Design-Theorien, die sie anbieten, nicht der Beginn einer Befreiung, sondern einer neuen Repression sind.
Die Kritiker des Prä-Rationalismus im 18. Jahrhundert legten nicht nur die Unbegründetheit prä-rationaler Normen (zum Beispiel des

hypothetischen Charakter des göttlichen Modells) dar, sondern auch dessen Unbegründetheit als Vorstellungssystem überhaupt. Zu diesem Zwecke versuchten sie zu zeigen, daß seine Prinzipien letztlich auf der Macht einer menschlichen Autorität beruhten und nicht auf irgendetwas Göttlichem.

Diderots »*Enzyklopädie*« war das Kernstück der neuen Ideologie. Dieses Werk, das Mitte des 18. Jahrhunderts erschienen war, forderte die Menschheit auf, »all diesen kindischen, veralteten Kram einfach über den Haufen zu werfen, die Barrieren umzustürzen, die niemals von der Vernunft aufgerichtet worden sind, den Künsten und Wissenschaften die Freiheit zurückzugeben, die ihnen so kostbar ist (...). Schon seit längerem brauchen wir ein Zeitalter der Vernunft, da Menschen die Gesetze nicht länger in klassischen Autoren suchen, sondern in der Natur selbst, da Menschen sich bewußt machen, was wahr und was falsch ist in den vielen zufälligen Abhandlungen über Ästhetik; und ich benutze den Begriff *Abhandlungen über Ästhetik* in seinem allerweitesten Sinne, nämlich als System vorgegebener Regeln, denen man sich, so wird es verlangt, in jeder Weise anzupassen hat, um zum Erfolg zu gelangen.«[20]

Jegliches System, das nicht aus der Natur abgeleitet war, sondern auf den Forderungen einer menschlichen Autorität beruhte, wurde entweder als nutzlos oder gar als schädlich betrachtet. Historismus und subjektive Gefühlsbetontheit waren, obgleich sie sich gleichermaßen gegen das prä-rationale System stellten, anfechtbar geworden, da sie »ihre Gesetze nicht in der Natur suchten«. Für die Rationalisten waren Zufälligkeit, Bizarrheit, Phantasterei oder Aberglauben völlig negative Aspekte von Design-Entscheidungen, ebenso wie es für die Prä-Rationalisten die Unreinheit, die Fäulnis, das Böse gewesen waren. So wie Augustinus die Sünde als das Streben nach einer »stolzen, widernatürlichen und sozusagen dienstbaren Freiheit« deutete, das zum Bösen führe, »das sich vom Wesen ablöst und zum Nichtsein strebt«, sagt Milizia: »Launenhafte Regellosigkeit zerstört die von der Natur vorgeschriebene Ordnung und Form.«[21]

Die »*Enzyklopädie*« bemerkt, daß aber gläubische Ansichten, Ansichten, die auf nicht-rationalen Erklärungen beruhen, in die Praxis umgesetzt, zu einem Fanatismus führen, der für »lächerliche, ungerechte und grausame Handlungen verantwortlich ist (...) (und) mehr Schaden in der Welt angerichtet hat als der Mangel an Frömmigkeit. Was verlangen denn Menschen, die nicht fromm sind? Sich von einem Joch zu befreien; während die Fanatiker ihre Ketten über die ganze Erde ausbreiten wollen...«[22] In ganz ähnlichem Geiste drängt Milizia die Designer, keinen anderen Meister als die Vernunft anzuerkennen und sich vom Joch der Autorität zu befreien,[23] vom Despotismus der Autorität.[24] Er hatte die Sterilität des Despotismus vor

Augen und dessen Unfähigkeit, dem Menschen wieder zu seinem Platz in der Welt zu verhelfen, und zwar mit Hilfe der Wissenschaft, welche die »Quelle des Notwendigen ist und beständig durch ihren Drang nach Verbesserung zur Reife heranwächst«.[25] Niemand entging seinen Angriffen: von Homer bis Plato bekamen alle das Etikett mit der Aufschrift »Leichen«. Sie alle gehörten zur gleichen Epoche der »Korruption«.[26] Milizias furchtlose Grundsätze führten ihn in seiner Architektur-Kritik zu höchst radikalen Äußerungen. In seinem Buch über Rom[27] machte er sich nicht nur über die Autoritäten der Antike lustig, sondern er verkündete laut, der Portikus des vatikanischen Palastes sei »verrückt« (»E se la facciata del portico (...) Ah l'insana facciata!«), und die Sakristei von St. Peter das schlechteste Gebäude Roms.[28] Letzterer stellte er sogar die römische Kanalisation gegenüber, die er für das beste Bauwerk in der Stadt hielt. Selbstverständlich war die Reaktion seiner Zeitgenossen, ihn aus der Heiligen Stadt zu verbannen.[29]

Lodoli und Milizia war die Vision einer künftigen Architektur gemeinsam, die weit über die Eingeschränktheit der zeitgenössischen Praxis hinausging. Milizia sah die Bauformen einzig und allein durch die Natur bestimmt, die »ewige Wahrheit«, die einzige Konstante.[30] Zugleich hatte er die Natur in ihrer völligen Reinheit vor Augen, ohne menschliche Eingriffe oder Vorschriften, eine Natur, die keine Kenntnis hat von »der Übereinstimmung gleicher Teile oder Ebenen, oder von kleinen Reservoirs oder Kanälen«.[31] Lodoli sah die Architektur in einem Zustand andauernder Kreativität, wie eine »Blume von sehr langer Lebensdauer, mit nahezu ewiger Jugend (...)« (»e in un fiore di lunghissima, e quasi che eterna giovanezza«). Sowohl Lodoli als auch Milizia erschien die »falsche Auffassung« von Architektur als Krise, aber, wie sie sicher meinten, nur als zeitweilige. Nach Ansicht der Rigoristen (»rigoristi«) vollzog sich die Rettung der Architektur, die sie in eine rationale Disziplin zu verwandeln trachteten, in zwei Schritten:

1. durch den Ausschluß aller Elemente, die nicht von der Notwendigkeit diktiert waren;
2. durch die Anordnung dieser notwendigen Elemente entsprechend den Naturgesetzen.[32]

Alle oppositionellen Architektur-Theoretiker betrachteten das Ornament als das sichtbare dingliche Zeugnis für die Zufälligkeit, Hohlheit und den repressiven Charakter des prä-rationalen Systems. Ornamente, so meint Lodoli, sind »nicht bestimmend für die Form«, (»ornamentici e non agenti«), sie sind nicht »wesentlich, sondern nebensächlich für die Funktion«. Milizias Stellungnahme ist womöglich noch entschiedener: »Das Ornament hat die Architektur zerstört.«[33]

Auch Laugier, ein französischer Jesuit und Zeitgenosse von Lodoli, einer der einflußreichsten Theoretiker des 18. Jahrhunderts benutzt sehr ähnliche Formulierungen: »Laßt uns nicht in falschem Glanz schwelgen; es zeigt das Fehlen von Genie. Laßt uns einfach und natürlich bleiben; das ist der einzige Weg zur Schönheit.«[34]
Mit diesen Entwicklungen im 18. Jahrhundert kam die Bewegung gegen den Prä-Rationalismus, welche die Design-Theorie der Renaissance eingeleitet hatte, nun zu einem Ende; alles, was ihn unterstützen konnte, fiel dahin. Die Epoche des Barock vollendete, was in der Renaissance begonnen hatte, sie vollendete den Prozeß der Entheiligung aller visuellen Formen durch die Architektur.
Die Rationalisierung der Architektur ist eine klare und logische Folge neuer Ideen, die sich nacheinander entfalten und bekämpfen. Andererseits läßt sich in diesen Ereignissen – wenn man sie als geschlossenen Komplex von »Auffassungen« und Ideen untersucht, die einander entgegenstanden – keinerlei Erklärung für die Dynamik dieser Entwicklung finden. Wir können die Geschichte der Design-Theorien *beschreiben*, indem wir die Grundgedanken der einzelnen Darstellungen gegeneinander halten, so wie sie sich in der Auseinandersetzung entwickelten, aber erklären können wir Theorien nur, wenn wir sie mit einer neuen Organisation der Macht in der Gesellschaft in Verbindung bringen. So lassen sich die Argumente für und wider das Ornament nicht allein als Angriffe der fortschreitenden wissenschaftlichen Methode *erklären*. Die Einführung der wissenschaftlichen Methode und die Ausklammerung des Ornaments haben beide die gleiche Ursache in der Reorganisation der Macht in der Gesellschaft.
Wie schon gesagt, mit dem Niedergang der prä-rationalen Gesellschaft verliert das Ornament seine Funktion als Kommunikationssystem, das die Bindung zwischen den Mitgliedern der Gesellschaft verstärkt. Statt dessen wird es zum Zeichenüberträger der Macht, die einige der Mitglieder dieser Gesellschaft gewinnen, indem sie andere unterdrücken. Ornamente sind eine Form von Machtakkumulation. So wird Macht bewahrt in Schmuck oder in Gegenständen aus Gold oder Silber, also in dem Besitz dieser Materialien; in anderen Gegenständen wird Macht durch visuelle Grundmuster behauptet. Während die visuelle Erscheinung in den prä-ökonomischen Gesellschaften die zwischenmenschlichen Beziehungen als »fremder Mittler«, »über den Menschen«, unter Kontrolle hält, ohne daß ein einzelner diese Kontrolle ausüben könnte, wird sie in den ökonomischen Gesellschaften vom Menschen beherrscht, kann sie sein Eigentum werden.
So bezeichnet ein Gegenstand, den man besitzt, das Ausmaß an Macht, das ein Individuum, als Herrschender, über den Rest der Gesellschaft, die Beherrschten, ausübt, wobei davon ausgegangen wird,

daß die Grundmuster des Design einen gewissen *Eigenwert* haben. Dieser Wert wird als ein »natürlicher Besitz« angesehen, wobei man die Tatsache verkennt, daß er das Ergebnis einer gesellschaftlichen Abstimmung in der prä-rationalen Epoche war. Dies erklärt, warum Perraults Theorien, in denen er ja das Ornament als Ergebnis einer gesellschaftlichen Übereinkunft – also als Subjektiv – anerkennt, später heftigen Angriffen ausgesetzt waren. Architektur konnte nicht als eine »Kunst der Phantasie« hingenommen werden sondern nur als Offenlegung von »Naturformen«.[35]

Auf diese Weise ließ sich auch das Verlangen, Macht zu besitzen, leicht als das »natürliche Bedürfnis«, Design-Objekte zu erwerben, auslegen. Eine solche Annahme dient zweierlei Zweck: Sie gibt den Beherrschten das Gefühl, daß ihre Lage unausweichlich ist, weil die Rolle des Herrschens in den Augen des Herrschenden unsichtbar wird, was dann die Auflösung der alten menschlichen Bindungen leichter erträglich macht.

Der neue Status des Ornaments als eines »Sinnenschmeichlers« hatte dazu geführt, einige neue formale Entwicklungen in der Architektur zu fördern. Jetzt aber wurde das Ornament als »bizarr«, »nutzlos«, schädlich abgefertigt. Nicht nur die Ära des Ornaments, sondern der visuellen Illusion überhaupt schien zu Ende zu gehen.[36] Die Bemühungen der Rigoristen und auch die Laugiers hatten zwei Ziele: die Architektur von allen übriggebliebenen und überflüssigen Elementen zu befreien, die aus dem vorangegangenen System überkommen waren, und gleichzeitig eine neue Design-Methodologie aufzubauen, nach der es möglich sein würde, Erzeugnisse auf eine möglichst vollkommene Weise herzustellen und die Erfordernisse zu erfüllen, die sich aus den neuen Zielen mit ihrem Anspruch auf eine Befreiung des Menschen in einer von ihm geschaffenen Welt materiellen Überflusses ergaben.

Lodoli markiert nicht nur den Beginn der Rationalisierungsepoche in der Architektur, sondern auch das Ende der Epoche des »spekulativen Geistes«, das Ende jenes kurzen Augenblicks, da man glaubte, das Individuum habe sich von der Autorität befreit. Lodoli bezeichnet auch das Ende einer Epoche, in der in Architektur-Theorien die Ansicht vertreten würde, das Design eines Bauwerks werde von einer Reihe voneinander *unabhängiger* Ziele bestimmt, sei es nun die Dreiteilung des Vitruv (Bequemlichkeit, Ansehnlichkeit und Dauerhaftigkeit) oder Perraults Zweiteilung in »positive« und »subjektive« Werte. Von nun an wurde die Architektur für eine ganze Weile von einem einzigen Ziel beherrscht: von der mechanischen Stabilität und der physikalischen Vollkommenheit eines Baugefüges, das die Gesetze der Natur widerspiegelt. Alle übrigen Ziele wurden diesem entweder untergeordnet oder ganz eliminiert.

Die kleine Bauernhütte

Die Theoretiker des prä-rationalen Design waren der Meinung, daß die strukturelle Besonderheit eines Gebäudes auf seinen Proportionen beruhe, eine Überzeugung, die ganz offensichtlich aus den Ideen von einem göttlichen Modell übernommen worden war. Für Alberti war, wie wir gesehen haben, Form eine immaterielle Seinseinheit. Sie bestand aus einer Reihe visueller Beziehungen, die sich genau so gut in Holz, wie in Stein oder Eisen verwirklichen ließen. »Es ist die Besonderheit und das Geschäft des Entwurfs, einem Gebäude und allen seinen Teilen den angemessenen Platz anzuweisen, die Zahl zu bestimmen, ihnen die richtigen Proportionen und eine schöne Ordnung zu geben (...). Noch besitzt dieses Entwerfen irgendetwas, das es in seiner eigentlichen Natur von der Materie abhängig machte; denn wir können erkennen, daß die gleichen Entwurfsideen in einer Vielzahl von Bauwerken enthalten sind, die alle die gleiche Form haben und durchaus gleich sind in der Anordnung ihrer Teile und der Verteilung von Linien und Winkeln; und wir können in unserer Vorstellung und unserem Denken vollkommne Gebäudeformen gänzlich losgelöst von der Materie erfinden.«[1]
Albertis Äußerung faßt das Wesen des prä-rationalen Design zusammen, für das ein Bauwerk ein primär immaterieller Zeichenüberträger ist. Wir haben auch (in Ackermans ausführlicher Dokumentation und Analyse der Annalen der Mailänder Kathedrale) gesehen, wie »nahezu jeder kleinste Bauteil entworfen wurde, ehe sein konstruktiver Zweck festgelegt war«[2].
Obgleich sowohl Aristoteles als auch Vitruv darauf hinweisen, daß eine Beziehung zwischen der Form und der Festigkeit einer Konstruktion besteht, beklagt Galilei, daß dies (besonders im Falle des Aristoteles) nicht »in einer entschiedenen Weise, von fundamentalen Prinzipien her« geschehen sei. Galilei war es auch, der »aus dem bloßen Vergnügen, das Werk zu betrachten«, durch das Arsenal von Venedig wanderte und dabei als erster ganz klar feststellte, daß die »vorformulierten und allgemein akzeptierten« prä-rationalen Argumente im Widerspruch standen zu dem, was die Handwerker tatsächlich taten, wenn sie zum Beispiel für den Bau von »Gerüsten und Vorrichtungen Balken von größeren Ausmaßen benutzten, um ein größeres Schiff vom Stapel zu lassen als für ein kleineres«[3]. Weder – das war seine Schlußfolgerung – stimme also, daß, wenn Maschinen »aus dem gleichen Material hergestellt werden und das

gleiche Verhältnis zwischen ihren Teilen beibehalten wird, sie gleichermaßen oder vielmehr im gleichen Verhältnis imstande sind, äußeren Störungen und Einwirkungen zu widerstehen oder auch nachzugeben«, noch »daß die größere Maschine verhältnismäßig stärker ist als die kleinere«. Weiterhin folgerte er, daß es »für jede Maschine oder eine andere Struktur, ob künstlich oder natürlich, eine notwendige Grenze gibt, die weder die Kunst noch die Natur überschreiten kann«; wenn »das Material das gleiche ist und die Proportionen beibehalten werden«.[4] Alle diese Bemerkungen sind durch Beweise gestützt, die auch »auf andere Nachprüfungen« angewandt werden können.[5] Mit diesen ersten Beobachtungen führt Galilei die Analyse der neuen Wissenschaft von der Mechanik ein, um zu beweisen, »daß es in der Kunst ebenso wie in der Natur unmöglich sei, Konstruktionen bis zu riesigen Dimensionen zu vergrößern; gleichermaßen sei es unmöglich, Schiffe, Paläste oder Tempel in ungeheurer Größe so zu bauen, daß (...) sie in allen ihren Teilen zusammenhalten.«[6] Um das Einfühlungsvermögen stärker anzusprechen, skizziert er zwei Knochen, von denen der eine dreimal so lang ist wie der andere, und bemerkt dazu: »Aus der beigefügten Zeichnung läßt sich erkennen, wie unproportioniert der längere Knochen erscheint. So wird deutlich, daß man, wenn man in einem Riesen die gleiche Proportion der Glieder herstellen will wie bei gewöhnlichen Menschen, entweder ein härteres und festeres Material für die Knochen finden oder aber eine geringere Festigkeit im Vergleich mit Menschen mittlerer Größe hinnehmen muß.«[7] In dieser Weise wurde das Ziel einer konstruktiven Perfektion von Bauten formuliert. Man ging von prä-rationalen Vorstellungen aus, die aber durch das naturwissenschaftliche Denken umgewandelt und um den Kern einer neuen Anschauung, der des ökonomischen Menschen, neu geordnet wurden.

Die zur Erreichung »himmlischer Harmonie« entdeckten Design-Variablen des heiligen Augustinus (»Maß, Zahl und Gewicht«) wurden nun, wie Leonardo – noch vor Galilei – vorgeschlagen hatte, durch die Faktoren ersetzt, die ganz allgemein die Form der von Menschen geschaffenen Erzeugnisse bestimmen, nämlich: »Gewicht, Druck und zufällige Bewegung zusammen mit Widerstand (...), die vier entscheidenden Kräfte, aus denen alle sichtbaren Werke der Sterblichen existieren...«.[8]

Aber noch im 17. Jahrhundert haben die Fortschritte der »Mechanik« Perrault nicht sehr beeindruckt – eine »ganz offenkundige Sache«, wie er meint. Obgleich die Lehre von der »Mechanik« schon im Bauen praktisch angewendet wurde, entwickelte sie sich noch nicht zur Architektur-*Ideologie*. Das ergab sich eben erst durch die Bemühungen im 18. Jahrhundert und den Beitrag, den die Schriften De Cordemoys, Lodolis und Laugiers dazu leisteten. In ihren Polemiken

wurden konstruktive Überlegungen zu einem allgemein anwendbaren Mittel, um das Design von Bauten zu bestimmen. Mit anderen Worten: bautechnische Vollkommenheit wird nicht nur in einem System nachprüfbarer, untereinander durch die Gesetze der Logik verbundener Fakten beschrieben, sondern auch als ein Ziel, das gleichbedeutend ist mit »Schönheit« und »Nützlichkeit«.
So schließt Lodoli jegliche Form aus, die nicht »aus ihrem eigenen Wesen (...), der Natur des jeweiligen Materials«, abgeleitet ist[9]. Aus diesem Grunde werden die Alten zum Ziel seiner Angriffe: »Die berühmten griechischen Architekten sind Ignoranten erster Ordnung, denn sie verfuhren im Gegensatz zu dem Prinzip des Vitruv, der es als notwendig erachtet, das eine Material vom anderen zu unterscheiden.«[10] Eigentlich aber verlagert er nur die Betonung in Perraults Überlegungen. Von den »positiven Werten« (etwa der konstruktiven Vollkommenheit) wird nun erwartet, daß sie Schönheit als das *wesentliche* Ziel eines Baus (*bellezza essenziale*) hervorbringen. Schönheit »beruht auf dem Ausdruck der genauen Proportionen von Materialien, die in einer Baukonstruktion verwendet werden«[11].
Einige Theoretiker dieser Epoche versuchten, die Geschichte als Autorität heranzuziehen, um die Bedeutung und den Vorrang der konstruktiven Vollkommenheit zu rechtfertigen. Die Annahme, daß einfache Baustrukturen allein durch funktionale und konstruktive Überlegungen bestimmt sind, war nicht neu. Schon Chambers hatte diese am weitesten verbreitete Hypothese beschrieben: »Die ersten Bauten waren allem Anschein nach roh und ungeschickt. (...) in den ersten Steinbauten wurden ganz offensichtlich nur die allerwichtigsten Bauelemente verwendet«[12]. Er und einige andere Theoretiker hielten dies für einen Mangel an Entwicklung und Verfeinerung: »(...) denn die Architekten jener frühen Zeiten hatten sicherlich sehr unvollkommene Vorstellungen von der Schönheit in den Erzeugnissen der Kunst...« Wurden in der Antike Formen in Design-Produkten erkennbar, die nicht von solchen konstruktiven Grundaspekten bestimmt waren, so ergaben sie sich aus dem Bedürfnis nach »einer unendlichen Formenvielfalt, die dem menschlichen Geiste eine unerschöpfliche Quelle des Vergnügens boten«; eine solche Möglichkeit wurde offenkundig, als die Menschen »im Laufe ihrer Entwicklung (...) die Werke ihrer Hände mit dem verglichen, was Tiere und Pflanzen hervorbringen«. Also schloß Chambers folgerichtig: »Schönheit und Zweckmäßigkeit sind Eigenschaften, die nur sehr wenig miteinander zu tun haben«. Aber Chambers gehörte auch der rationalistischen Bewegung nicht ganz an.
Die gleiche Annahme führt bei den Rationalisten zu ganz andersartigen Schlüssen. Für sie war Schönheit nur in den »wesentlichen« Teilen eines Baus zu finden. Alle übrigen Teile des Gebäudes waren

durch Launen bestimmt, da sie ja nur für das Vergnügen des Geistes geschaffen worden waren. In diesen Teilen war also keine Schönheit zu finden, sondern nur Fehlerhaftigkeit[13].
Laugier suchte die Rechtfertigung seiner neuen rationalen Architektur gerade in dieser angeblichen »primitiven« Architektur der Vergangenheit, in der ja nur die wesentlichen Bauteile existieren: »Die kleine ländliche Hütte ist das Modell, auf das man die ganze Großartigkeit der Architektur übertragen hatte. Und man kommt der Schlichtheit in der Ausführung dieses ersten Modells sehr nahe, wenn man die entscheidenden Fehler vermeidet und sich an die wahre Vollkommenheit hält«[14].
Kaum drei Jahre zuvor hatte Jean Jacques Rousseau es mit nahezu den gleichen Worten ausgedrückt: »In dem schlichten Kleid des Bauern und nicht unter dem Gewand des Höflings ist Stärke und Lebenskraft des Körpers zu finden. Schmuck ist auch der Tugend fremd, die ja die Stärke und Lebenskraft der Seele ist. Der gute Mensch ist wie ein Athlet, der nackt zum Kampf antritt. Er würde alle jene lasterhaften Verzierungen verachten, die ihn nur hindern würden, von seiner Stärke Gebrauch zu machen. Und die meisten wurden nur erfunden, um irgendeine Verunstaltung zu verbergen.«[15] Die »kleine Bauernhütte« wurde zur Rechtfertigung, zum abstrakten Modell und oft sogar zum wirklichen Prototyp für die rationale Architektur. Dort können wir das »Einfache« antreffen, das, was unverdorben geblieben ist durch die Zaubertricks der Launenhaftigkeit, das »Natürliche«, das, was durch die willkürlichen Entscheidungen menschlicher Autorität nicht korrumpiert worden ist.
Der Sinn für die Vergangenheit prägt sich hier ganz anders aus als im »Historismus« der Renaissance. Es hatte sich gezeigt, daß die vom Menschen geschaffene Umwelt, die unter der Autorität des göttlichen Modells stand, repressiv war, aber das göttliche Modell konnte seiner übermenschlichen Natur wegen keiner Auseinandersetzung unterworfen werden. Seit dann die Modelle der Antike zum Gegenstand des Disputs wurden, bestand der Beitrag des Historismus darin, gerade diese Tatsache zu einem festen Bestandteil der Architektur Theorie zu machen, zu einer notwendigen Voraussetzung für die Formulierung einer gänzlich *neuen* Theorie.
Den Architektur-Theoretikern des 18. Jahrhunderts boten die Werke der Alten keine befreiende Alternative. Die Geschichte selbst war für sie nicht so sehr eine Sammlung wunderbarer und nachahmenswerter Leistungen, als vielmehr eine »Geschichte von Verbrechen«[16]. Die Produkte der Vergangenheit galten, so erkannte man, nicht dem Wohl der Menschheit, sondern dem einiger weniger Privilegierter. Außerdem sah man, daß die Bauwerke der Alten beladen waren mit den Zufälligkeiten und Sonderbarkeiten der menschlichen Phantasie.

Man war ganz entscheidend der Ansicht, daß sie künftigen Bauten keine Regeln auferlegen dürften; und es war widersinnig, sie als nachahmenswerte Prototypen anzusehen, so als erwartete man, daß Fehler der Vergangenheit zu richtigen Ergebnissen in der Zukunft führen könnten.
Ähnlich verwarfen die Rationalisten auch die Argumente der Rechtstheoretiker, die den *status quo* mit dem Hinweis auf historische Belege verteidigten. Es wurde, zum Beispiel, allgemein hingenommen, daß Repressionen durch die Obrigkeit zulässig seien, wenn man sie als »wohltätig für die Regierten« definieren konnte, indem man als Beweis für solche unbestätigte Behauptung die Tatsache anführte, daß es Sklaverei auch in der Antike gegeben habe und daß sie deshalb akzeptiert werden müsse. Rousseau nannte dies »eine Schlußfolgerung, die dazu dient, Recht durch Tatsachen festzulegen«[17]. Wie die Architektur-Theoretiker, plädierte auch Rousseau für eine Rückkehr zu der menschlichen »Natur«, die einfach und wesentlich gewesen sei und keine Unterdrückung des Menschen durch andere Menschen zugelassen habe.
Die rationalen Designer des 18. Jahrhunderts übernahmen begeistert Bacons Einstellung gegenüber der Antike. Ihnen lag daran, die Bedeutung der Antike einzuschränken, indem sie versuchten, die achtbaren Züge in ihrem Bilde zu mindern, weil, wie Bacon meinte, diese ein Hindernis für den Fortschritt seien. Er sagte: »... im Verhältnis zu uns war die Antike die ältere, aber im Vergleich zur Welt war sie die jüngere«, und er erkannte, daß »jene Verzauberungen durch Antike, Autorität und allgemeine Übereinstimmung die menschlichen Kräfte so niedergehalten haben, daß diese – wie bei behexten Personen – unfähig sind, sich mit natürlichen Dingen zu befassen«[18]. In der ersten Jugend der Menschheit fand Bacon nicht die ärgerlichen Fehler solcher frühen Entwicklungen, sondern die Schönheit der Aufrichtigkeit und Redlichkeit. Nach dem Willen der Rationalisten und Laugiers sollte die vom Menschen geschaffene Umwelt eine befreiende Umwelt sein, die unmittelbar den menschlichen Notwendigkeiten entsprach. Statt dessen aber ging nur Unterdrückung von ihr aus, war sie beladen mit den Ergebnissen von Fanatismus, Unvernunft und Aberglauben. Für sie kam die Unterdrückung, die von der menschlichen Umwelt ausging, der vom Menschen auf den Menschen ausgeübten gleich, die doch »gegen die Natur« ist, die »schützt, um zu verschlingen«[19]. Die »weiten Wälder waren in lächelnde Felder verwandelt worden, die mit dem Schweiß des Menschen getränkt werden mußten und wo alsbald Sklaverei und Elend wucherten und zugleich mit dem Korn gediehen«[20].
Wie Rousseau bedient sich auch Laugier der Vergangenheit, »um mit ihr zu brechen«. Dieser Bruch mit der Vergangenheit würde, so nahm

man an, die überkommenen Tatsachen zugunsten einer Anerkennung der natürlichen Rechte des Menschen austilgen, derer man habhaft werden könnte, wenn man zu den *ursprünglichen Voraussetzungen* der menschlichen Natur zurückkehrte. Lodoli und Laugier waren wie Rousseau der Überzeugung, daß der Mensch, wenn die Kultur einmal von allen Elementen befreit sein würde, die er aus Versehen und nicht aus Notwendigkeit im Verlauf der Geschichte entwickelt hatte, in eine Lage zurückkehren würde, wo er unter einfachen, aber ausreichenden Bedingungen überleben könnte. Aber der Mensch würde nicht nur überleben, sondern auch glücklicher sein unter diesen Bedingungen. Da es »im wahren Naturzustand keine Eitelkeit gibt«[21] so ist »nichts so sanft wie der Mensch in seinem frühen Zustande«[22]. Laugier führte als Beispiel dieser mit »Einfachheit« verbundenen »Würde« die Ruinen eines Gebäudes in Nîmes an, des sogenannten Maison Quarrée, das jedermann, ob sachverständig oder nicht, seiner Schönheit wegen bewunderte: »Ein einfaches Viereck, das aus dreißig Säulen besteht«[23].
Ähnlich fand Milizia, daß die »bescheidene Hütte« (»l'umile capanna«), »das erste Bauwerk des bäuerlichen Menschen«, nicht nur den »Keim für die herrlichsten Paläste« enthalte, sondern auch »das Modell, das die Architektur nachahmen muß«, da es dem »Naturzustand« am nächsten kommt. Milizia stellte sogar eine Liste der Eigenschaften der »bescheidenen Hütte« auf, welche die Designer beachten sollten, wenn sie sie nachahmten: Die starken Elemente tragen die schwachen, Festigkeit ist etwas »Wirkliches und Offensichtliches«, alle Bauteile werden verwendet, um Bedürfnissen zu dienen, »nichts ist schön, was nicht gut und nützlich ist«. (»Niente è bello se non è buono e utile«.) Andere erforderliche Eigenschaften in der Liste beziehen sich auf Aspekte der Einheit, der Symmetrie und der Einfachheit. Wenn man diese Liste liest, so hat man, wie es Laugier erging, die Empfindung, daß der »Bauer« und die »bescheidene Hütte«, an die hier gedacht war, ganz gewiß eher Abstraktionen sind als daß sie Fakten entsprechen. Wiewohl dies als Mißbilligung des Historismus gedacht war, ist es dennoch nur eine andere Art historischer Rekonstruktion. Es ist ein hypothetisches Modell, das konzipiert wurde, um die neuen Methodologien für die Rationalisierung der Architektur zu unterstützen.
Da diese abstrakte »Hütte« nur aus wesentlichen Teilen und wesentlichen Kräften bestand, beschleunigte die Übernahme dieses Modells für die Architektur in hohem Maße die Entwicklung eines anderen abstrakten Schemas, eines Konstruktions-Diagramms, in dem ein Gebäude als ein Diagramm von Kräften dargestellt wurde. Das war der erste konkrete Schritt hin zur Verwissenschaftlichung der Architektur, deren Einfluß wir noch heute feststellen können.

Obgleich nun das sehr wirksame Denkmodell des Konstruktions-Diagramms – durch das die »Gesetze der Stabilität« die Vielfalt früherer Design-Methodologien ersetzten – sich zugleich mit der Idee der »bescheidenen Hütte« entwickelte, widersprachen sich die beiden Modelle in Wahrheit. Zwar teilten beide die Ablehnung der gehorteten und versteinerten prä-rationalen Design-Elemente, aber das Modell der »bescheidenen Hütte« – eine Rückkehr zum edlen, von den Bedürfnissen einer repressiven Gesellschaft beeinflußten Wilden – war moralistisch, während das Ziel des Konstruktions-Diagramms eine ökonomische Nutzung der Mittel war, ein »Horten« von Kapital statt in Form von Schmuckelementen. Man hoffte, daß es möglich sein würde, das Maß des für den Menschen erreichbaren materiellen Nutzens zu erhöhen, indem man die unnötigen Baukosten senkte. Überfluß würde dann zu einer befreienden Umwelt führen. Aber Rousseau hatte weit eher recht als Laugier. Zunehmende Erreichbarkeit materieller Güter führt nicht notwendig zu einer repressionsfreien Umwelt. Im Gegenteil, wie wir noch sehen werden: Sowohl der einschränkende Charakter der »konstruktiven Vollkommenheit«, als auch die soziale Rolle der Bautätigkeit bei der Organisation der Macht können zum gegenteiligen Ergebnis führen. Eine paradoxe menschliche Umwelt entwickelt sich, in der sich Überfluß in der zugunsten der Befreiung von einer Repression eine andere entsteht. Kein Wunder, daß im 19. und 20. Jahrhundert die Architektur von Konflikten geplagt werden sollte, die noch heftiger waren als die, mit denen sich das 18. Jahrhundert konfrontiert sah.

Verglichen mit den beredten Angriffen der Theoretiker des 18. Jahrhunderts auf das Ornament und verglichen mit ihren kraftvollen Beschreibungen einer Zukunftsarchitektur, die auf Vernunft beruhen und den Prinzipien der Stabilität gehorchen sollte, nehmen sich die Schriften des 19. und 20. Jahrhunderts wie Wiederholungen und sogar phantasielos und langweilig aus: »... die Anerkenntnis der Konstruktion als Basis allen guten Designs wird sich als heilsames Korrektiv für eines der schlimmsten Laster der modernen Architektur erweisen. Nichts wird mehr dazu beitragen, die Verwendung des Ornaments auf den ihm zukommenden Platz zu beschränken und es von seinem angemaßten Thron einer Gleichgültigkeit gegen die Außenwelt zu stürzen. Man sagt nicht zu viel, wenn man behauptet, daß für den gewöhnlichen Menschen Architektur und Ornament ein und dasselbe bedeuten.«[24] »Eine einfache gutgebaute Wand aus guten ehrlichen Ziegelsteinen oder tüchtigem Mauerwerk (...) ein Gegenstand, auf dem das Auge voll Zufriedenheit ruht«[25], das klingt – fast anderthalb Jahrhunderte nach den Rigoristen und Laugier – fast wie eine Antiklimax.

Die Suche des 18. Jahrhunderts nach *a-priori*-Prinzipien in der Architektur schien im 19. Jahrhundert nachzulassen. Während die Untersuchungen der »Gesetze der Stabilität« fortschreitend zu einer Wissenschaft führten, deren Anwendung im Bauen mehr und mehr an Boden gewann, überlebten zugleich auch die prä-rationalen Elemente. Nicht nur waren die Ausführungen der Rationalisten nicht überzeugend genug, um das Ornament für immer aus der Architektur zu verbannen, im Gegenteil: neue ornamentale Muster entwickelten sich mit großer Lebendigkeit, wie durch eine geheimnisvolle Kraft. Der Historismus – bei dem gegenwärtige Design-Entscheidungen nach dem Vorbild vergangener gefaßt wurden – hatte sich gleichfalls ununterbrochen seit der Zeit Albertis fortgesetzt, während die Nachkommen der Rationalisten ebenso fortfuhren, ihn anzugreifen: »Diese Krankheit ist nicht nur von heute; der Same dazu wurde im 16. Jahrhundert gelegt und hat sich seither immer weiter entwickelt; er wurde ausgesät, als Architekten sich damit zu beschäftigen anfingen, gewisse Stile zu übernehmen, meistens noch dazu nach einem oberflächlichen Studium und ohne das geringste Bemühen um ihre Analyse; und dies, statt die Form zum unbekümmerten Ausdruck zu machen für die Erfordernisse, die sie befriedigen sollten, und für die Konstruktionsmittel, die ihnen zur Verfügung standen...«[26]

Andererseits war die Historie immer dann willkommen, wenn sie benutzt werden konnte, um aus ihr Beweise für die Allgemeingültigkeit konstruktiver Vollkommenheit und ihres Vorrangs als Determinante der gebauten Form abzuleiten, auch wenn jene Designer sich dieses Vorrangs nie bewußt geworden waren. »... eine großartige Kirche war kein Versuch in ›Design‹, um den ›Geschmack‹ zu befriedigen, sie hat sich organisch entwickelt und besonders in der Frühzeit war dieser Organismus gesund. Wenn wir von ›organischer Architektur‹ sprechen, von aktivem Mauerwerk und dem Gleichgewicht der Kräfte, denken wir vor allem daran, wie kühn mittelalterliche Bauleute den Bogen als Konstruktionsmittel verwendeten. Der ganz einfache Bogen ist eine wundervolle Erfindung.«[27] Einige Schriftsteller schlugen vor, die Prinzipien der Stabilität oder die »Konstruktionsgesetze« als Schema zu benutzen, um ein neues Klassifizierungssystem aufzustellen, mit Hilfe dessen die »Geschichte der Architektur« (als eigene Disziplin) neu geschrieben werden könnte. Dabei sollte man die Elemente der Prä-Rationalität auslassen und nur konstruktive Aspekte berücksichtigen. »Nun, da alle Stile der Erde übersehbar und historisch eingeordnet sind, bedarf es einer neuen Art von Klassifikation entsprechend den wesentlichen Unterschieden in der Konstruktion, eine Übersicht über die Kräfte in der Architektur, eine Wissenschaft der Bau-Morphologie (...). Hervorragende Gebäudetypen sollten als Konstruktionsprobleme untersucht werden: der Tempel, die Basilika,

das Theater, das Bad, die Kirche, das Rathaus, das Krankenhaus, die Brücke und die Stadt als Ganzes.«[28]
Diese Bemühungen waren fruchtbar und hatten eine große Anzahl historischer Bücher und Dissertationen zur Folge, die Voltaires Ansicht über die Geschichte »als eine Reihe von Tricks (...), mit denen man den Toten mitspielt« bewahrheiteten. Eine beachtliche Tradition entstand, die bis in die Mitte des 20. Jahrhunderts fortdauerte. Nicht nur Gebäude wurden in dieser Weise klassifiziert, sondern auch ganze Epochen, wobei man in kritischer Unterscheidung eine begrenzte Zahl von Beispielen auswählte, die jeweils kennzeichnend für sie waren. Zum Beispiel sagt Giedion in Bezug auf das 19. Jahrhundert: »Das neue Vermögen der Epoche zeigt sich viel deutlicher in ihren technischen Konstruktionen als in den im strengen Sinne architektonischen Werken (...). Während dieser ganzen Epoche hat die Konstruktion die Rolle des Unbewußten im Architekten gespielt.«[29] Mit anderen Worten, »wir alle wenden – bewußt oder unbewußt – den konstruktiven Test an und urteilen bei jeder Gelegenheit danach«[30]. Höchst verwirrend an diesem Prinzip einer »rationalen Architektur durch Stabilität«, wie sie sich während des 19. Jahrhunderts entwickelt hat, ist, daß diejenigen, die es vorschlugen, in Wahrheit gar nicht mit dem befaßt zu sein schienen, was sie vorgaben. Denn sicher hätten sie, wenn sie wirklich an der konstruktiven Vollkommenheit von Gebäuden interessiert gewesen wären, der Technik größere Aufmerksamkeit zugewendet. Für sie waren die »Konstruktionsgesetze« hingegen ein Mittel, um ein ganz anderes Ziel zu erreichen, nämlich visuelle Harmonie. So bemerkte Choisy: »Ein neues Proportionssystem hat seinen Weg gemacht, wobei die Gesetze der Harmonie keine anderen sind als die der Stabilität.«
Zunächst strebten die Kräfte, die sich auf die »Mechanik« beriefen, keineswegs eine repressionsfreie Umwelt für die Gesamtheit der Gesellschaft an. »Mechanik« war ein Mittel, um die Machtkonzentration in einem Teil der Gesellschaft zu fördern. Die Unterstützung der Ziele des Konstruktivismus und die Angriffe gegen die Ornamentierung von Gebäuden spiegelt das Ziel einer gesellschaftlichen Organisation, bei der Macht konzentriert, gesichert und vermehrt werden muß. Das Ornament bedeutet konzentrierte Macht, es bewahrt sie in dem Design-Objekt, das sie verkörpert, aber es ist nicht imstande, sie zu vermehren. Was einzig dazu imstande ist – zumindest in der Wirklichkeit des 18. und 19. Jahrhunderts –, ist das angesammelte Kapital, und das grundlegende Mittel, um dies zu bewirken, ist Sparen. »Wenn die Begrenzung des Verbrauchs sich mit dieser Auslösung einer Erwerbsaktivität verbindet, so ist das unvermeidliche praktische Ergebnis ganz offenkundig: Akkumulation von Kapital durch den asketischen Zwang zu sparen.«[31] Und die Anwendung der

Methoden einer konstruktiven Vollkommenheit scheint wiederum die Tätigkeit des Sparens auszudrücken.
Zweitens wurde die Rationalisierung des Design durch konstruktive Vollkommenheit auch dann angestrebt, wenn sich dabei keine wesentlichen Einsparungen ergaben. Konstruktive Vollkommenheit spielte für den Architekten die Rolle des Gewissens, lieferte ihm einen wirksamen Anlaß, sich in die übrigen gesellschaftlichen Prozesse einzuordnen, eine Rechtfertigung nicht nur gegenüber denjenigen, die den Vorteil der Macht haben, sondern auch gegenüber den Unterdrückten; sie erlaubte den Architekten, daß sie nach Prinzipien arbeiteten, die der gesamten Gesellschaft zugutekamen, mit anderen Worten also: Sie bot ihnen eine Ideologie.
Die Anfänge einer Wissenschaft von der »Mechanik« entwickelte sich als eine unabhängige menschliche Tätigkeit. Andererseits hatte bereits Galilei festgestellt, daß sie von »Handwerkern und hochgestellten Männern« im Arsenal von Venedig – dieser Festung und Quelle der Macht – angewandt wurde. Schließlich fand die Wissenschaft von der »Mechanik«, ihr eigentliches Ziel in den großen technischen Konstruktionen des 19. Jahrhunderts. So wurde die »kleine Bauernhütte«, das faßbare Abbild des Protests und der Kritik gegen die Tyrannei des Ornaments und die repressive Macht, die es repräsentierte, schließlich zum konstruktiv vollkommenen Käfig, der die Unterdrückung des darin gefangenen Menschen förderte.
Aber während einige Kräfte im 19. Jahrhundert die Architektur dahin drängten, »wissenschaftlich« zu werden, drangen wieder andere in sie, die Wissenschaft gänzlich beiseite zu lassen. Und während die Rationalisten überhaupt kein Ornament verwendeten, waren andere Architekten mehr denn je zuvor von der Dekoration besessen. Diese paradoxe Situation enthüllt auf eine höchst einleuchtende Weise die tatsächlichen Kräfte, welche dann die Entwicklung der Architektur im 20. Jahrhundert lenkten, die wahren Kräfte hinter den scheinbaren.

Die technische Schönheit

> *»Was typisch ist für die Kultur der Zeit, läßt sich am Beispiel Jeremy Benthams, des radikalen Philosophen, zeigen, der die besten Jahre seines Lebens und einen großen Teil seines Erbes darauf wandte, sein ‹Panopticon› zu verwirklichen, ein Mustergefängnis, das so gebaut war, daß man nur einen einzigen Aufseher brauchte, um die Gefangenen zu überwachen, und zwar mit Hilfe eines Spiegelsystems, das ihm erlaubte, sie zu sehen, ohne von ihnen gesehen zu werden.«*[1]

»Konstruktive Vollkommenheit« war nur eine der Richtungen, in der die Rationalisierung der Architektur vor sich ging. Eine andere war die *funktionale Vollkommenheit*. Während die konstruktive Vollkommenheit mit der Bauweise des Gebäudes zu tun hat – unabhängig von den Vorgängen und Prozessen in seinem Innern –, bezieht sich die Funktionsrichtigkeit auf das Vermögen des Gebäudes, zu den Tätigkeiten, denen es Raum gibt, tatsächlich etwas beizutragen. Diese beiden Aspekte waren, wie wir gesehen haben, bei der Dreiteilung des Vitruv in den Kriterien »firmitatis« und »utilitatis« vorweggenommen worden. Vitruv stellte die Ziele fest, gab einige Empfehlungen (in einigen Fällen vom rationalen Gesichtspunkt aus richtige), aber er lieferte keine rationale Methodologie.
Für die rationalistische Architektur war die konstruktive Vollkommenheit das Prinzip, das es zuerst und vor allem zu definieren und voranzutreiben galt. Das Prinzip der funktionalen Richtigkeit hingegen wurde erst viel später systematisch entwickelt. Warum, so ist zu fragen, hatte es nicht eher für die Rationalisierung der Architektur Bedeutung gewonnen? Denn ganz gewiß erfüllte gerade dieses Prinzip in einleuchtender Weise alle Anforderungen an eine rationale Zielsetzung, um die, als Ausgangspunkt, Design-Entscheidungen im einzelnen systematisch hätten formuliert werden können. Ein Argument, das für diese Entwicklung angeführt wird, ist, daß sich Tätigkeiten in Art und Ablauf im rationalen Sinne nur verbessern lassen, wenn diejenigen, die sie ausführen, fähig sind, sie zu bewerten. Es ist auch vorgebracht worden, daß sich nicht jede Art von Leistung gleich leicht bewerten läßt. Diejenigen, die leichter zu bewerten sind, werden sich auch eher verbessern lassen. Aus dieser Sicht erklärt sich, daß das Ziel einer konstruktiven Perfektion sich zuerst entwickelte, weil eben konstruktive Leistungen weniger schwierig zu

beurteilen sind. Konstruktive Aspekte haben vor allem mit statischen, unbelebten Erscheinungen zu tun, die leicht zu beobachten, Versuchen zu unterwerfen und zu beschreiben sind. Funktionale Leistungen in den Griff zu bekommen und darüber zu berichten, war schwierig, weil sie mit Vorgängen zu tun haben, die in der Zeit und meist in Verbindung mit Menschen ablaufen. Die Schwierigkeit beim Funktionalismus läßt sich aus seinem höheren Grad von Komplexität erklären. Wotton zum Beispiel gibt in Bezug auf das Nützlichkeitsziel nur ein ganz allgemeines Beispiel, wenn er sagt, daß »der Platz (eines jeden Gebäudeteils) durch seinen Gebrauch bestimmt werden sollte«[2]. Perrault liefert, wie wir gesehen haben, ein genauer überlegtes Beispiel: die »Verteidigungslinie (im Festungsbau), die nicht länger sein kann als die Reichweite der Geschütze«[3]. Allgemein sind bis zum 20. Jahrhundert nur wenige Hinweise auf funktionale Leistungen zu finden.

Im *Funktionalismus* (der Bewegung, die verbunden ist mit dem Bemühen, funktionale Vollkommenheit als das erste Ziel allen Designs zu formulieren) ist zuerst die Rede von Funktionsrichtigkeit, gemeint aber war die Leistungsfähigkeit der konstruktiven Elemente eines Gebäudes im Hinblick auf ihre »konstruktive Funktion«. Lethaby zum Beispiel verglich die »gotische Kathedrale (...) mit einem großen Frachtdampfer«, und Jackson wies auf »gelungene Gebäude der modernen Architektur« hin, »Brücken, Viadukte und andere nützliche Konstruktionen von Eisenbahn-Ingenieuren«, und bewunderte sie ganz allgemein wegen ihrer Funktion, mehr noch aber wegen der Vollkommenheit ihrer Konstruktion.[4]

Die Voraussetzungen für den eigentlichen Funktionalismus waren denen für die konstruktive Auffassung sehr ähnlich. Aber die Rationalisierung der Architektur durch den Funktionalismus verengte und beschränkte die ursprünglichen Begründungen für Rationalität womöglich noch mehr, als es das Ziel konstruktiver Vollkommenheit getan hatte.

Die Funktionalisten waren im Gegensatz zu den Konstruktivisten ganz offensichtlich gleichgültig gegenüber Rousseaus Bemühungen, den Menschen von den Widersinnigkeiten seiner künstlichen Kultur zu befreien. Sie hatten Descartes Forschungen vergessen, der versucht hatte, eine von Menschen hergestellte Welt auf dem Grunde von Vernunftsregeln zu schaffen. Sie interpretierten Bacons Visionen einer Umwelt, die aus der Beherrschung der Gesetze entsteht, in einem sehr engen Sinne. Die Funktionalisten waren an dem »individuellen« Benutzer der Umwelt interessiert – an dem von der Gesellschaft abgelösten Individuum. Sie bezogen sich auf das, was sie als die gesellschaftlichen Bedürfnisse dieses Individuums betrachteten, aber nicht auf die Bedürfnisse des Individuums, die ihm von der Gesellschaft auferlegt, vorgeschrieben waren. Die zeitgenössische Kultur erschien ihnen nicht nur sinnvoll, sie wurde einfach als gegeben hingenommen. Aus diesem Grund war die Frage nach den *von vornherein* gegebenen menschlichen Prinzipien für sie irrelevant. Oder, genauer gesagt, sie sahen die Natur des Menschen in dem deformierten menschlichen Produkt, der Marktökonomie des 19. Jahrhunderts. Da sie keinerlei Kenntnis von der Gesellschaft hatten, war Wissen für die Funktionalisten gleichbedeutend mit Macht über die Natur zugunsten des Menschen, aber gewiß nicht mit Macht über den Menschen zu dessen Lasten.

In der Funktionsrichtigkeit wie in der konstruktiven Perfektion manifestiert sich der Drang nach Zweckmäßigkeit. Zweckmäßigkeit oder das Vermögen, zweckmäßig zu sein, ist immer mit einem Sinn im Individuum für Vergnügen und Schönheit verbunden (wobei hier die beiden Begriffe gleichbedeutend benutzt werden). Hume sagt: »So macht die Bequemlichkeit eines Hauses, die Kraft eines Pferdes, die Geräumigkeit, Sicherheit und schnelle Fahrt eines Schiffes die eigentliche Schönheit dieser verschiedenen Gegenstände aus. Ein Gegenstand, der schön genannt wird, gefällt nur, weil er die Tendenz hat, eine bestimmte Wirkung herbeizuführen.«[5] Ein Design-Erzeugnis ist annehmbar, wenn es »sich dem Prinzip der Zweckmäßigkeit anbequemt«, wie Jeremy Bentham zu einem späteren Zeitpunkt sagen sollte. So wird ein unabweisbares Prüfsystem im Hinblick auf Design-Entscheidungen entwickelt, da man »immer sagen kann, daß etwas getan werden sollte, oder zumindest, daß etwas nicht getan werden sollte...«. Mit »Zweckmäßigkeit« ist insbesondere die »Eigenschaft eines jeden Gegenstandes gemeint, wodurch er Wohlergehen, Vorteil, Vergnügen, Gutes, Glück (alles dieses läuft im gegenwärtigen Falle auf eines hinaus) bewirkt oder (...) wodurch Unheil, Schmerz, Übel oder Unglück für den Teil, dessen Interesse in Betracht steht, vermieden werden«[6].

Von dem frühen Nützlichkeitsstandpunkt aus können die Ziele der Architektur pragmatisch durch ihren besonderen Beitrag definiert werden: »Die Architektur bereitet dem Handel den Weg: Sie baut Schiffe und Häfen und Anlegeplätze für ihren Empfang und ihre Sicherheit; sie bildet Straßen aus (...), sie ebnet Berge ein, sie füllt Täler auf, spannt Brücken über tiefe, reißende Flüsse (...) und erleichtert so die Vermittlung der Ware (...). Handel bringt Wohlstand und Wohlstand führt zu Wohlleben. Stolz und Vergnügen wiederum bringen tausend Verfeinerungen hervor, welche zum größten Teil ohne die Hilfe der Architektur nicht auskommen können.«[7] Deswegen bewertet und wählt der Architekt alle die Elemente aus, aus denen ein Gebäude zusammengefügt werden kann und die »der Zweckmäßigkeit (...) angepaßt werden können (...), wenn die Ten-

denz, die es (das Gebäude*) hat, das Glück (...) zu vergrößern (...), größer ist als die irgendeiner (Tendenz*), es (das Glück*) zu verkleinern.«[8]
Daher sollte der Architekt nicht handeln, indem er sich auf die spontane, unbewußte Führung seiner Sinne verläßt. Er sollte bei jedem Schritt während des Design-Prozesses messen, vergleichen und auswählen. »Selbstdisziplin (...) ist in der Tat eine der ersten Lektionen, die der Architekt zu lernen hat«[9], denn »Design ist nicht irgendeine merkwürdige Formverdrehung oder irgendeine aufgepappte Scheußlichkeit, vielmehr sollte Design bei der Herstellung von Erzeugnissen als *zweckmäßige Verwendung* von Mitteln zu Zielen verstanden werden, die jeweils in ihrer Besonderheit gut sind«[10].
Die Absolutheit des prä-rationalen göttlichen Modells wird – ebenso wie die des Naturmodells, oder des Modells »Harmonie durch Stabilität« – durch eine pragmatische Theorie ersetzt: »Die Idee einer abstrakten und absoluten Proportion ist vage, wo doch die wahre Proportion sich entsprechend den wechselnden Bedingungen auf immer andere Weise ergibt (...). Proportion heißt: *Funktionsrichtigkeit*«[11].
Folgerichtig ist die Auswahl der Design-Entscheidungen, die das Endprodukt bestimmen, ebenso wichtig wie die Kentnnis der Bedürfnisse, die das Gebäude zu befriedigen hat. Diese Bedürfnisse werden in einem »Raumprogramm« festgelegt. Daher heißt »dem Programm getreulich entsprechen, alle von der Notwendigkeit auferlegten Bedingungen mit skrupelhafter Genauigkeit erfüllen«.
Die Funktionalisten hatten, als sie ihre Theorien formulierten, die Maschine als Modell im Sinne. Die Maschine wird als ein Teil der vom Menschen hergestellten Umwelt betrachtet, die streng von Notwendigkeiten determiniert ist, während Gebäude immer noch aus Aberglauben und Launenhaftigkeit heraus entstehen. Nach der Überzeugung der Funktionalisten können Maschinen durch nichts korrumpiert werden; sie hören nie auf, in der reinsten und direktesten Weise Nützliches anzubieten. Ganz gewiß ist diese idealisierte Vorstellung von der »Maschine« ebenso willkürlich wie das einfache Haus von Chambers und Laugier. Aber als Modell wirkte die Maschine überzeugender als die bescheidene Hütte. Die Maschine war unwiderruflich da. Die Überzeugungskraft der bescheidenen Hütte indes hing davon ab, ob man den Naturmenschen für »unvermeidlich« hielt. Die funktionalistische Auffassung fand eine stärkere Unterstützung, indem man behauptete, daß die Maschine ihr Vorbild in der Natur habe. Die Funktionalisten vertraten die Ansicht, daß die fundamentale, die elementare Struktur der Maschine in der Natur zu finden sei. »Seht euch um in der Welt (...) und ihr werdet feststellen, daß

* Anm. d. Übersetzers

sie nichts anderes ist als eine einzige große Maschine, die in unzählige kleinere Maschinen aufgeteilt ist, die wiederum ähnliche Unterteilungen zulassen, und zwar in einem Ausmaße, das alles weit überschreitet, was menschliche Sinne und Fähigkeiten nachvollziehen und erklären können. All diese verschiedenartigen Maschinen sowie ihre kleinsten Teile sind mit einer Genauigkeit aufeinander abgestimmt, die alle Menschen, die sie je betrachtet haben, zu Bewunderung hinreißt. Diese bemerkenswerte Anpassung der Mittel an die Zwecke in der gesamten Natur gleicht sehr genau den Schöpfungen der menschlichen (...) Intelligenz, wiewohl sie diese noch überschreitet«[12].

Wie die Maschine, ist »die Erscheinungsform von Naturobjekten (...) ob lebend oder tote Materie (...) ein »Kräftediagramm« (...) ein Diagramm der Kräfte, die auf den Gegenstand eingewirkt *haben* oder (...) die im Augenblick auf ihn einwirken«[13].

Für die Rationalisten war die Form eines Gebäudes, wie die Naturform oder die Form einer Maschine, das Abbild jener Kräfte, die es hervorgebracht hatten oder die es enthielt; umgekehrt mußten die Kräfte, die den Bau hatten entstehen lassen oder die in ihm enthalten waren, seiner Form »entsprechen«. Die Maschine war ein Modell für den utilitaristischen Rationalismus, so wie die Struktur des Mythos ein Modell des Prä-Rationalismus gewesen war. Beide hatten Komponenten, die untereinander in Beziehung standen und die für die Rationalisten der Verifikation bedurften, während dies den Prä-Rationalisten gleichgültig war. Beide Modelle waren so organisiert, daß sie auf Design-Situationen übertragbar waren, Design-Entscheidungen vorschrieben und das Design-Erzeugnis entsprechend strukturierten. Der Respekt, den man der Maschine zu zollen hatte, wie die Hochachtung, die der Struktur des göttlichen Modells gebührte – beide beanspruchten ja, ganz unausweichlich zu sein –, galt nicht einer menschlichen Erfindung, sondern einer dahinterstehenden Kraft, im Falle der Maschine den Grundgesetzen der Natur. So »hat jede Veränderung der natürlichen Gegebenheiten ihren Ursprung entweder in ohnmächtiger Trägheit oder in blinder Tollkühnheit«[14].

Schließlich fanden die Funktionalisten – wie rechte Anhänger Augustinus – einen noch »triftigeren« Grund als den, den Hume angeboten hatte, um zu erklären, warum »die Bequemlichkeit eines Hauses (...) seine wesentliche Schönheit ausmacht«. Sie behaupteten, daß »die zunehmende Bedeutung, die in verschiedenen Wissenschaftszweigen der Form oder dem Muster beigemessen wird, die Möglichkeit einer gewissen Parallelität, wenn nicht gar eine Übereinstimmung mit den Strukturen natürlicher Phänomene nahelegt (...) [so hat] die Wahrnehmung selbst (...) vor allem die Funktion, Muster

auszuwählen und Muster herzustellen (Gestalt*-Bildung); so ist zum Beispiel der körperlichen Struktur oder dem Funktionieren des Nervensystems ein Muster inhärent«[15]. Ähnlich behauptet ein anderer zeitgenössischer Theoretiker, daß »Psychologen und Physiker unabhängig voneinander zu ähnlichen Schlüssen gekommen sind. Als Kuriosität darf angemerkt werden, daß, während die Gestalttheoretiker eine Tendenz zur guten Form oder zu einer gutorganisierten Struktur zu erkennen meinen, die Physiker eher eine Entwicklung von der Ordnung zur Unordnung sehen. Vermutlich ist dieser Widerspruch zu einem Teil eine Frage der Terminologie«[16].
Im Falle des Prä-Rationalismus hätte Ungehorsam gegenüber dem – göttlichen – Modell zu irgendeiner Strafe geführt; auch im Falle des utilitaristischen Rationalismus würde Ungehorsam zu Bestrafung führen. Diese Bestrafung könnte sich manchmal in einer Katastrophe äußern, meist aber würde sie Kosten verursachen. »(...) die große Frage des 19. Jahrhunderts, die täglich an Wichtigkeit zunimmt und am Ende schließlich alles überwiegen muß, ist die Frage der Unkosten, die finanzielle Frage. Je größer der Wohlstand einer Gesellschaft und je grenzenloser der Reichtum der Nationen wird, desto entschiedener neigt die Menschheit dazu, ihre Mittel umsichtig zu benutzen; nutzlose Ausgaben verletzten das Empfinden der Öffentlichkeit (...). In den Augen (von Politikern) ist der Architekt ein Feind des öffentlichen Wohlstands, ein Verschwörer gegen die Staatskasse. Auf der anderen Seite rechtfertigen gerade die Architekten, die von der Regierung gefördert und geschützt werden, das allgemeine Mißtrauen durch die Art ihrer Ausbildung, denn sie lernen nie, wie man eine Sache verwaltet, noch wie man umsichtig mit materiellen Mitteln umgeht, noch wie man architektonische Formen und Konstruktionsmethoden den praktischen Erfordernissen anpaßt, die zu befriedigen ihre Aufgabe ist«[17].
Der amerikanische Bildhauer Horatio Greenough wird gemeinhin als einer der Väter des Funktionalismus bezeichnet. Er scheint stark von den Ausstellungsstücken beeindruckt gewesen zu sein, die er 1843 auf einer Ausstellung des Patentamtes in Washington sah. Die Ausstellung bestand aus Erzeugnissen der Südsee. Und diese Gegenstände schienen ihm viel eher zeitgenössischen Maschinen zu gleichen als von Architekten entworfenen Objekten. »Wenn wir die Form einer jüngst erfundenen Maschine mit der perfektionierten Ausführung des gleichen Instruments vergleichen, können wir, wenn wir ihre Entwicklung durch die einzelnen Phasen der Verbesserung verfolgen, beobachten, wie das Gewicht dort vermindert wird, wo weniger Kraft gebraucht wird, wie Funktionen einander angenähert werden, ohne

---

* Im Original wird der deutsche Begriff verwendet

sich gegenseitig zu behindern, wie das Gerade sich krümmt, wie Gekrümmtes gerade wird, bis das Reglose und Schwerfällige zur kompakten, gebrauchstüchtigen und schönen Maschine geworden ist«[18]. Hogarth hatte einige Jahre früher beobachtet, wie »im Schiffsbau alle Dimensionen jedes einzelnen Schiffsteils genau begrenzt und bestimmt sind durch die Funktionsrichtigkeit beim Segeln. Wenn ein Schiff gut segelt, nennen die Seeleute das Schiff eine »Schönheit« – solch eine enge Verbindung haben die beiden Begriffe (Schönheit und Zweckmäßigkeit)«[19]. Maschinen und Schiffe, wie auch Gebäude, sind »Schönheiten«, wenn sie Vergnügen bereiten, wenn sie Zweckmäßigkeit entweder unmittelbar anbieten oder aber sie antizipieren lassen. Sie alle konstituieren »Objekte, (...) die dazu gemacht sind, irgendeine angenehme Wirkung zu erreichen (...), [und sie gleichen] einem Haus, das für alle Bequemlichkeiten des Lebens mit großer Urteilsfähigkeit entworfen ist und uns aus diesem Grunde angenehm berührt«, so wie »uns ein fruchtbarer Boden und ein glückliches Klima entzücken, wenn wir uns überlegen, welches Glück sie den Bewohnern bringen werden, obgleich gegenwärtig das Land noch öde und unbewohnt ist«[20].
In einem solchen System hat das Ornament ganz offensichtlich keinen Platz. Die Funktionalisten teilten den Abscheu vor dem Ornament mit den Theoretikern der »konstruktiven Vollkommenheit«. Nur einige Ausnahmen sind erlaubt. Das Ornament ist zulässig, wenn es darum geht »nützliche Strukturen (...) hervorzuheben«[21]. Nutzlose Dekoration hingegen wird als unmoralisch betrachtet, da sie zu menschlichem Wohlergehen nicht beiträgt. Folgerichtig stimmen die Gesetze der Schönheit, die zugleich die Gesetze der Stabilität sind, mit dem Moralgesetz überein »(...) der Eindruck, den Schönheit hervorruft (...), ist weder sinnlich noch intellektuell, sondern moralisch«[22].
Sowohl die konstruktive wie die funktionale Auffassung von Design predigte Vollkommenheit durch die Rationalisierung des Design-Prozesses, aber in beiden Fällen war noch immer die Rede von der »Harmonie« und der »Schönheit« als dem eigentlichen Ziel eines Bauwerks. Die visuelle Wahrnehmung von Harmonie oder Schönheit in einem Gebäude wurde als Beweis dafür genommen, daß die rationalen Erfordernisse der Perfektion in seinem Entwurf berücksichtigt worden waren. Diese Auffassung, die späterhin als Bewegung der Moderne definiert wurde, versuchte die Architektur durch höchst unwissenschaftliche Methoden zu rationalisieren.
Dieser Widerspruch überrascht nicht. Wie ich schon vorher sagte, hat die Auffassung von konstruktiver wie von funktionaler Perfektion nicht ein materielles, sondern ein *soziales* Ziel. Beide bringen das Bestreben zum Ausdruck, eine möglichst eng begrenzte und dichte

Konzentration von Macht in der Gesellschaft zu schaffen, was ja die latente Absicht der Rationalisierung in der Architektur ist. Konstruktive und funktionale Vollkommenheit sind nur augenscheinliche Absichten. In dem Augenblick, wenn diese latente Absicht durch eine von der zunächst gefaßten verschiedenen, aber augenscheinlichen Absicht erreicht ist, wird ein neues, offen erkennbares Ziel ins Auge gefaßt. Die vorhergehenden Auffassungen werden auf der Stelle als veraltet und belanglos verworfen. Das geschieht gewöhnlich dann, wenn neue Kosten im Produktionsprozeß festgestellt werden, wo eigentlich wirksame Einsparungen hätten erzielt werden müssen. Es tritt auch auf, wenn sich auf dem Gebiet des Verbrauchs neue Horizonte für Vorteil und Gewinn auftun.

Während des 19. Jahrhunderts, als die Auswirkungen einer konstruktiven Perfektion schon die Szene beherrschten, wurden Design-Entscheidungen immer noch von visuellen und stilistischen Wirkungen bestimmt, (sehr zur Verzweiflung von Viollet-le-Duc, wie wir gesehen haben). Kein Wunder, denn immer noch erscheint es wünschenswert, Macht in einem kostbaren Gegenstand zu horten, in diesem Falle also in einem Bauwerk. So wird die visuelle Form immer noch benutzt, um in kleinem Maßstab Macht zu akkumulieren, wiewohl die Geldersparnis und die konstruktive Perfektion die wichtigste Rolle spielen.

Im 20. Jahrhundert, besonders nach dem Zweiten Weltkrieg, als die Betriebskosten offengelegt wurden, die die Gebäude den besitzenden Gesellschaften verursachen, traten die Argumente für eine funktionale Leistungstüchtigkeit an die erste Stelle, und man mußte nach neuen Techniken suchen, um dieses Problem zu meistern. Aber gleichzeitig wurde die Notwendigkeit, den Verbrauch von Produkten zu steigern, die Märkte auszuweiten, genauso wichtig. Und wiederum war die visuelle Form aufgefordert, den Mechanismus zu liefern, mit dessen Hilfe erworbene Produkte sich rasch in veraltetes Material umwandeln ließen, das dann so rasch wie möglich wieder durch neues Material ersetzt werden mußte.

So muß die visuelle Erscheinungsform einen Weg finden, das Ziel des Verbrauchs mit dem Ziel einer gebrauchstüchtigen Produktion zu versöhnen. Diese Aufgabe der Versöhnung wurde von der modernen Bewegung übernommen. Die Widersprüche in den augenscheinlichen Absichten und Zielen enthüllen die Widersprüche, die ihnen latent innewohnen.

Der Würfel, dessen Seiten gelb, rot, blau, weiß, grau und schwarz waren

Die Moderne Bewegung, mein letztes Beispiel für die rationalistische Auffassung der Architektur, gründet sich ausdrücklich auf das Prinzip, daß eine zweckmäßige Form schön und harmonisch und daß umgekehrt eine harmonische oder schöne Form auch zweckmäßig sei. Die Betonung lag auf dem zweiten Teil der Formulierung, die stillschweigend den Wunsch enthielt, mit der visuellen Ordnung eines Bauwerks auch seine konstruktive und funktionale Perfektion zu erreichen.[1]
Das Schlimme sei, so behaupteten die Modernen, daß der allgemeine Sinn für »Schönheit« und »Harmonie« durch den Einfluß des schlechten Geschmacks pervertiert worden sei. Die historischen Formen wichen von den »Grundformen«, den »elementaren« Formen ab, die *a priori* rationale Formen waren, da man Rationalität oder Irrationalität als den Formen eigentümlich betrachtete. »Die Basis für eine gesunde Entwicklung der Architektur (und der Kunst ganz allgemein) läßt sich finden, wenn man Form als einen in der Idee vorweggenommener Typus nicht gelten läßt«[2]. Das Ziel des Design-Erziehers war es, eben jene »als Idee vorweggenommenen Typen«, die uns durch Tradition überkommen sind aufzugeben und gleichzeitig die *a priori* bestehenden Grundformen deutlich zu machen.
»Die biologischen Grundbedürfnisse sind sehr einfach. Sie können durch soziale und technische Prozesse verändert oder auch deformiert werden. Man muß daher sehr darauf achten, daß ihre wahre Bedeutung nicht entstellt wird«[3].
Diese Einstellung führte im Elementarismus zu einer rein visuellen Version der Rationalisierung von Architektur. »Die neue Architektur ist *elementar*, das heißt, sie entwickelt sich aus Bauelementen im umfassendsten Sinne (...) [sie] kennt keine in sich vollständigen Typen, keinen Archetypus«[4]. Diese Elemente sind Würfel, Kegel, Kugel, Zylinder und Pyramide (...) die großen primären Formen (...) schöne Formen, die allerschönsten. Alle sind sich darin einig – das Kind, der Wilde und der Metaphysiker«[5].
Le Corbusier versuchte die Verbindung zwischen Elementarformen, Schönheit, Harmonie und funktionaler Perfektion in folgender Weise zu definieren: »Die Ingenieure verwenden, da sie auf dem Wege der Berechnung vorgehen, geometrische Formen und befriedigen unsere Augen durch die Geometrie und unseren Geist durch die Mathematik...«. Daher erreicht der »Ingenieur, beraten durch das Gesetz der

Sparsamkeit und geleitet durch Berechnungen (...) Harmonie«, die »Primärformen sind die schönen Formen, denn sie sind klar zu lesen...«. Aber, so fährt Le Corbusier fort, »unglücklicherweise verwirklichen die Architekten von heute keine einfachen Formen mehr...«; obwohl »technische Ästhetik und Architektur zwei Dinge sind, die sehr gut zusammenpassen und eines aus dem anderen hervorgeht, ist (daher) die eine auf ihrer vollen Höhe, während die andere sich in einem unglücklichen Zustand von Rückentwicklung befindet...«[6]

Da im Bereich der zeitgenössischen Architektur alles als verdorben und dekadent galt, sahen die »Elementaristen« ihre große Hoffnung in der Erziehung. In den Architektur-Schulen, die nach elementaristischen Grundsätzen geleitet waren, wurden daher Geschichtskurse aus dem Curriculum weggelassen oder von sympathisierenden Historikern gegeben, die für die neue Lehre warben. Eine neue Art Kurs wurde entwickelt, um die Studenten in die Wahrnehmung dieser Primärformen einzuführen und sie gleichzeitig die ererbte Tradition des Sehens vergessen zu lassen. »Diese sechsmonatige Ausbildung bezweckte, Intelligenz, Gefühl und Phantasie sich entfalten und reifen zu lassen, und zielte darauf ab, den ‹ganzen Menschen› zu entwickeln, der alle Dinge des Lebens aus seinem biologischen Zentrum heraus mit instinktiver Sicherheit in Angriff nehmen kann«.[7] In Wahrheit war das Ziel solcher Kurse, die Studenten dahin zu bringen, ihre Reaktionen auf die visuelle Ordnung als biologisch determiniert zu akzeptieren und nicht als kulturell oder gesellschaftlich bedingt anzusehen. Gleichzeitig übten sie sich darin, die geometrischen Grundformen und -körper anzuwenden und an dieser Anwendung Vergnügen zu finden. Sogar im Falle von Design-Objekten, die von Maschinen hergestellt wurden, sollte der Student erkennen lernen, daß jedes von der Maschine hergestellte Produkt nur ein Derivat von »besonders gesteigerter Komplexität« aus den »biologischen Grundvoraussetzungen« war. »Diese Werklehre des Bauhauses soll den Lehrling zur Normarbeit vorbereiten. Ausgehend vom einfachsten Werkzeug und einfachsten Arbeitsvorgang gewinnt er allmählich Können und Verständnis für komplizierte Werkvorgänge und für die Anwendung der Maschine, ohne daß er, wie der Fabrikarbeiter, der allein die Teilleistung kennen und beherrschen lernt, die Beziehung zu dem gesamten Gestaltungsvorgang verlieren muß.«[8]

Ein Produkt wurde nur dann als gelungen betrachtet, wenn es aus »Elementen« konstruiert war: »Bei diesem Stuhl ist der Versuch gemacht worden, jedes seiner Teile möglichst einfach in seiner elementaren Form auszubilden.«[9] Umgekehrt galt ein Erzeugnis als mißlungen, wenn sein Designer nicht »von den großen Primärformen ausging«, wie zum Beispiel in der gotischen Architektur, die ja »nicht vom Grunde her auf Kugel, Kegel und Zylinder aufgebaut ist (...). Darum ist eine solche Kathedrale nicht sehr schön, und wir suchen in ihr nach subjektiven Kompensationen, die außerhalb der plastischen Kunst liegen«[10].

Wie die übrigen rationalistischen Bewegungen stellten sich auch die Elementaristen gegen das Ornament als überflüssiges und veraltetes Überbleibsel aus prä-rationalen Zeiten. Dekoration paßt (...) für (...) schlichte Rassen, für Bauern und Wilde.«[11] Andererseits sollte mit diesem Widerstand gegen das Ornament ein neues visuelles Grundmuster hervorgebracht werden, und es sollten nicht, wie die Elementaristen oft behaupteten, visuelle Determinanten im Design ausgeschlossen werden.

So stehen wir vor dem Paradox, daß den meisten Architekturtheorien, die sich Rationalisierung zur Aufgabe gemacht haben, ihre Voreingenommenheit für eine visuelle Ordnung, für das Aussehen eines Produktes gemeinsam war. Es geht ihnen mehr darum, daß ein Gebäude rational *aussieht*, als daß rationale Methoden für sein Design *angewandt* werden. Die sogenannte moderne Architektur hat sich ganz besonders der Pflege der phantasievollen Vorstellung hingegeben, daß die *Erscheinungsform* lebloser Objekte den Menschen zufriedenstellen und ihn von dem Terror der Unterdrückung und von der Angst davor befreien können. Indem man ein Scherbengericht über das Ornament hielt und die Bedeutung der konstruktiven Oberflächen-Beziehungen als Träger der (im Bauwerk*) enthaltenen Funktionen bewertete, hoffte man tatsächlich, aus einem Gebäude ein rationales Erzeugnis machen, dem Verbraucher etwas wirklich Zweckmäßiges und nicht nur einen Zeichenträger für einen Wert anbieten zu können. Jedoch weder das Zurschaustellen des konstruktiven Skeletts, noch die Verdeutlichung von Funktionen, noch die Verwendung elementarer geometrischer Formen machte das Skelett zweckmäßiger oder verbesserte die in den Gebäuden untergebrachten Funktionen; dies alles waren Versuche, ein neues visuelles Vokabular für eine Sprache auszubilden, die nun einen neuen Zweck hatte: dem Hersteller rasch veraltender Produkte zeitweilig die Macht zu überlassen.

So führte die Eliminierung des prä-rationalen Ornaments durch die Befürworter der Konstruktion wie der Funktion – ganz im Gegensatz zu dem, was sie herbeizuführen meinten – zum Ausschluß der Rationalität aus der umfassenden Architektur-Methodologie. Es machte Oberfläche, Aussehen, Dekoration zu Konstruktion und zu funktionalen Strukturen, indem es Konstruktion und funktionale Strukturen zu bloßer Dekoration verkehrte. Es befreite den Menschen

---

* Anm. d. Übers.

vom Joch einer systematisch aufgebauten Illusion, indem es ihn an eine neue kettete. Die moderne Bewegung belebte die visuelle Ordnung im Dienst einer scheinbar repressionsfreien Umwelt mit Hilfe von Objekten, die eine womöglich noch schlimmere Unterdrückung des Menschen hervorriefen.

Henry Russel Hitchcock und Philip Johnson, die amerikanischen Architektur-Historiker, fanden eine aufrichtigere Erklärung für die moderne Bewegung als ihre Urheber selbst. Sie verdeutlichten, daß die sichtbare Ordnung die Hauptsorge der modernen Architekten war. Rationalisierung war nur eine Fassade, stellte einen Wert dar für eine Gesellschaft, die bei allen anderen Gelegenheiten von rationalen Entscheidungsmotiven bestimmt war. Hitchcock und Johnson waren der Ansicht, daß das, was sich als Ergebnis abzeichnete, keine Verwissenschaftlichung der Architektur war, sondern eine andere Art und Weise, die Umwelt sichtbar zu ordnen, ein Stil also, ein »internationaler Stil«[12]. Sie behaupteten, daß visuelle Überlegungen nicht nur gegenwärtig ein wesentliches Interesse der Architekten sind, sondern auch immer sein werden. »(...) wie die modernen Techniken, wird auch [die Architektur] sich entwickeln und verändern; sie wird gewiß kaum zu bestehen aufhören (...). Diejenigen, welche die Architektur schon begraben haben – entweder aus dem verhinderten Wunsch, die Vergangenheit fortzusetzen oder aus dem Übereifer, die Zukunft zu verändern und zu beschleunigen – waren voreilig: es gibt immer noch eine Architektur«[13]. Hitchcock und Johnson haben die Kennzeichen des neuen Stils sorgfältig definiert. Sie haben sogar die stilistischen Komponenten beschrieben, mit Hilfe derer die Moderne Bewegung ihre Argumente gegen den Stil in Stil umsetzte; zum Beispiel sei »diese Nachgiebigkeit gegenüber dem Grundsatz, daß eine *glatte zusammenhängende Fläche* entstehen müsse (...) ein wichtiges Beispiel für die Übertreibung des anti-ästhetischen Anspruchs der Funktionalisten«[14]. Die Funktionalisten und die übrigen »rationalistischen« Designer und Theoretiker kämpfen gegen diesen Vorwurf. Dennoch ist es eine unabweisbare Tatsache, daß »während die Funktionalisten zu bestreiten fortfahren, daß das ästhetische Moment in der Architektur wichtig ist, mehr und mehr Bauten entstehen, in denen man diesem Prinzip auf vernünftige und zweckmäßige Weise folgt«[15].

Sibyl Moholy-Nagy hat diese Diskrepanz zwischen tatsächlichem und formalistischem oder ideologischem Funktionalismus sehr genau beschrieben. »Es ist bestürzend, sich klarzumachen, daß der Funktionalismus eine solche Aura von ideologischer Offenbarung in Cambridge, Chicago und in den Vorlesungen Siegfried Gideons erwerben konnte, wo doch amerikanische Bauleute ihn kompromißlos praktiziert haben, seit sie die erste Indianer-Hütte in der Kolonie von Plymouth errichteten. Diese historische Ironie beruht auf einem totalen Mißverständnis, was den Begriff angeht. Für den amerikanischen Designer bedeutet Funktionalismus seit je und noch heute, so ökonomisch und technologisch richtig zu bauen wie möglich, wobei persönliche oder ästhetische Prinzipien in Betracht gezogen wurden. Für die Architekten der europäischen Diaspora [die nach Hitlers Machtergreifung aus Deutschland nach Amerika kamen] war Funktionalismus reine Ideologie, mit deren Hilfe die selbstverständlichen Wahrheiten einer ethischen, ästhetischen und sozialen Weltanschauung* sichtbar umgesetzt werden sollten. Kantischer, nicht-empirischer Idealismus war das, was im Deutschland der zwanziger Jahre am meisten bewundert wurde. Vielleicht hätte sich das Mißverständnis der beiden Funktionalismen früher aufklären lassen, wenn nicht der zufällige Zeitpunkt und ein weiter Widerhall in der Öffentlichkeit den Mythos von der »Neuen Architektur« aufrechterhalten hätte«[16].

Die Bauten, die nach den Prinzipien des Neuen Stils errichtet wurden, waren in der Minderzahl gegenüber dem, was ohne jeglichen Stil entworfen und gebaut wurde. Aber das war nicht die Schuld der Architekten; dafür waren tatsächlich die Utilitaristen aller Art verantwortlich: Produzenten, Ingenieure, Bauunternehmer. Für sie war eine sichtbare Ordnung in der Tat irrelevant und unnötig.

Viollet-Le-Duc muß im 19. Jahrhundert bereits an solche Bauunternehmer gedacht haben und nicht an seine zeitgenössischen Funktionalisten, wenn er schreibt: »Unsere Baumonumente sind wie Körper ohne Seele, Bruchstücke irgendeiner verschollenen Kultur, eine Sprache, die sogar die nicht verstehen, die sie benutzen (...) unsere Künstler erinnern einen an jene braven Leute, die meinen, daß ihre Seelenrettung davon abhinge, daß sie gewisse lateinische Gebete wiederholen, die sie nicht begreifen«[17]. Die willkürliche Behauptung, daß es so etwas gibt wie ein intuitives Verständnis für konstruktive und funktionale Richtigkeit, hinderte die Architekten daran, die heraufkommende Ordnung der von Menschen hergestellten Umwelt vorauszusagen oder zu erklären.

Architekten und Architekturkritiker waren nicht nur unfähig, die Welt um sich herum zu beobachten, sie konnten sogar ihre eigene Disziplin nicht wahrnehmen. Sie waren abgeschnitten von den Forschungen, die auf einigen anderen Gebieten – in der Anthropologie, der Archäologie, in einigen Fällen auch in der Baugeschichte – vor sich gingen, wo man herausgefunden hatte, daß die sichtbare Ordnung der Umwelt von den übrigen rationalen Zielen unabhängig war; daß sie weder aus der natürlichen Ordnung der Welt noch aus

---

* Im Original wird der deutsche Begriff verwendet

der des menschlichen Geistes herzuleiten, sondern ihrem Wesen nach kulturell und in ihrer jeweiligen Besonderheit zeitlich begrenzt war; daß sie, obgleich sie in der prä-rationalen Kultur ein umfassendes Vorstellungssystem und ein Ordnungsmittel gewesen war, in der gegenwärtigen Gesellschaft nur einen geringen – *und vermutlich jedenfalls ganz anderen* – Einfluß ausübte.

Man kann die Widersprüche in den Versuchen, die Architektur zu rationalisieren, im Leben und Sterben des Bauhauses, jener großen Erziehungs- und Forschungsfabrik der Modernen Bewegung, erkennen.

Das Bauhaus verkündete, daß seine Ziele konstruktive und funktionale Richtigkeit, Wirtschaftlichkeit und die Erfüllung notwendiger Bedürfnisse für die Menschen im allgemeinen seien – typische rationalistische Verkündigungen –, und dies zu einer Zeit (nach dem Ersten Weltkrieg), da materielle Bedürfnisse sich kaum befriedigen ließen[18]. Im Gegensatz zu diesem umfassenden Engagement, wurden in der Schule nur »Grundbegriffe des Design«, das heißt, ein visueller Stil, ohne wissenschaftliche Information gelehrt. Das formale Vokabular wurde von Malern angeboten, von denen viele Beziehungen zur Theosophie hatten – einer eindeutig nicht-rationalen Denk- und Lebensform –, aus der sie die fundamentalen Prinzipien ihrer Methodologie übernahmen. Ganz allgemein erwartete man, daß eine »gute allgemeine Ausbildung von Hand und Auge« ein angemessener und ausreichender »erster Schritt zur Bewältigung industrieller Prozesse« sei[19].

Das Bauhaus machte »aus jedem Teeglas ein Problem konstruktiver Ästhetik«. Trotz der Erklärungen von Gropius, daß Architektur gebaute Soziologie sei, gab es eine künstliche Formenwelt, die in einem »Würfel« gipfelte, dessen »Seiten gelb, rot, blau, weiß, grau und schwarz« waren (die Grund- oder »Elementar«-Farben), in der die Menschen »auf Möbeln saßen und schliefen, die wie buntangestrichene Geometrie aussahen (...) in Häusern wohnten, die farbigen Skulpturen glichen (...)«.[20]

Erst 1928 richtet der gerade neu eingeführte Direktor des Bauhauses, Hannes Meyer, »einen auf wissenschaftlichen Prinzipien basierenden Architektur-Kurs« ein, ein interdisziplinäres Mosaik wissenschaftsorientierter Vorlesungen. Psychologen, Soziologen und Wirtschaftswissenschaftler wurden zum ersten Mal aufgefordert, eine Denkweise zu entwickeln, die, nach Meyers Worten, »sich deutlich vom formalistischen Bauhaus-Stil unterscheiden sollte«[21]. Die kurze Zeit, während der Meyer Direktor des Bauhauses war, machte nicht nur deutlich, woran es der formalistischen Rationalisierung der Architektur fehlte (seine Kritik ließ sich nicht nur auf alle Schulen, sondern auch auf die meisten Theoretiker und Designer der Modernen

Bewegung anwenden), sie gab auch Hinweise darauf, in welche Richtung sich eine wahrhaft rationale Architektur zu entwickeln hätte: dahin nämlich, die Kluft zwischen Theorie und Praxis, zwischen Hypothese und empirischem Versuch zu überbrücken. Die Studenten und Lehrer arbeiteten Seite an Seite und nahmen »die Struktur und die lebenswichtigen Bedürfnisse unserer Gesellschaft als gegeben an (...), nachdem sie sich ein möglichst umfassendes Bild von ihrer gegenwärtigen Existenz gemacht hatten«. Die Ergebnisse wurden sofort in die Wirklichkeit übersetzt, indem man auf dem Grundstück in Dessau-Törten neunzig Arbeiter-Wohnungen errichtete. (Es ist nicht ohne Ironie, daß heute, da so viel über Gemeinschaftsplanung und Partizipation geredet wird, keine Schulwerkstatt sich rühmen kann, ein »Getto-Projekt« dieses Umfangs gebaut zu haben.)
Im Gegensatz zu der bisherigen Isolierung des Bauhauses gegen die politische, soziale, wissenschaftliche und künstlerische Wirklichkeit der Zeit[22], gab es unter Meyer einen regelrechten Zustrom von Wissenschaftlern in die Schule und ebenso Bemühungen, die Schulgemeinschaft mit der sie umgebenden sozio-politischen Wirklichkeit vertraut zu machen. Der Unterricht wurde »demokratisiert«: Die Studenten hatten an allen die Schule betreffenden Entscheidungen teil. Die Schüler waren finanziell an allen Entwürfen der Schule beteiligt. Sie setzten sich aus allen sozialen Klassen, einschließlich der Arbeiterklasse, zusammen, im Gegensatz zu der bisherigen Praxis, zunächst nur Privilegierte aufzunehmen.
Meyer war vielleicht, wie Milizia und Laugier, einer der wichtigsten Denker auf dem Gebiet der Architektur, der die Schaffung einer repressionsfreien Umwelt mit weithin rationalen Mitteln antizipierte. Er war ein ebenso klarer und deutlich artikulierender Denker wie sie, obgleich er kein systematisches Werk hinterlassen hat. Seine Lebensbedingungen waren für eine solche Leistung vermutlich nicht ideal.
Meyer war nur sehr kurze Zeit Direktor des Bauhauses. Seine Ansichten galten als zu politisch und als zu gefährlich für die Gesellschaft, verglichen etwa mit denen von Gropius, der seine Bemühungen, die Schule zu isolieren, wie auch spätere Versuche, sich mit den Nazis zu arrangieren, für eine Möglichkeit ansah, »reines Denken lebendig und aus dem Durcheinander des wirklichen Lebens herauszuhalten«.
So wie Milizia von Rom verbannt wurde, entließ man Meyer ohne vorherige Ankündigung, als die Schule während der Ferien geschlossen wurde. Der Entlassung des Direktors folgten Studenten-Demonstrationen, die Ausstoßung einer Reihe von Studenten und die Wiederherstellung des Friedens »mit Hilfe der Polizei«, um durch Mies van der Rohe, den neuen Direktor, »wenigstens ein Minimum an Disziplin wiederherzustellen«[23]. Mit Mies als Direktor kehrte das

Bauhaus wieder zu dem alten Irrtum einer Rationalisierung durch Formalismus zurück. »Wir sollten neue Formen entwickeln« – das war sein Allheilmittel für die Lösung neuer Probleme. »Die Studenten hatten keine Stimme mehr in der Organisation des Lehrplans. Soziologische Themen und Vorstellungen waren – ganz besonders aus den Tätigkeiten der Werkstätten – verbannt«[24].

Die Geschichte des Bauhauses manifestiert die Widersprüche, auf denen die Moderne Bewegung aufgebaut war. Diese Widersprüche nehmen noch zu, wenn wir voraussetzen, daß die Modernen in gutem Glauben handelten. Auf dem Hintergrund der Situation war das Schicksal derer, die im guten Glauben handelten, tragisch, während der Rest zwiespältig oder heuchlerisch war. Alle Designer, die, wie Meyer, Laugier und die Rigoristen, gemeint hatten, daß sie, indem sie Rationalismus und Technologie unterstützen, dazu beitragen würden, eine repressionsfreie Umwelt aufzubauen, hatten zu ihrer Zeit nie erkannt, daß sie tatsächlich mithalfen, eine neue Form von Repression zu etablieren.

In der Mitte des 20. Jahrhunderts nimmt der Druck eines sich immer mehr ausweitenden Konsums zu. Parallel dazu wird die visuelle Form als Determinante für Design-Entscheidungen immer wichtiger. Die rationalistische Akrobatik der Modernen Bewegung richtet nichts mehr aus. Die Widersprüche zwischen der Richtigkeit einer produktiven Leistung und der Expansion des Marktes sind unversöhnlich. Daher übernimmt die visuelle Form gewissermaßen den Drang zu verbrauchen als unbestrittenen Wert *an sich* und nicht als Mittel, um ein bestimmtes Bedürfnis zu befriedigen. Die sogenannte Pop-Bewegung (ich beziehe mich auf die Architektur, in der bildenden Kunst ist diese Erscheinung komplexer) reflektiert weder die Bedeutung des Verbrauchers noch seinen Stil. Sie transportiert Werte des *Konsums* – des Konsums als eigentlich Nützlichem –, mit anderen Worten, sie drückt erneut die Charakteristika gegenwärtiger Machtorganisation aus.

Die Lösung des Problems

Bis zu diesem Kapitel ist die Rationalisierung der Architektur als eine Entwicklung beschrieben worden, die notwendig ist, wenn die Architektur in einer sich verändernden Kultur weiterbestehen will, wenn sie sich aus einer para-professionellen parasitären Rolle zu einem echten Dienstleistungsberuf wandeln soll. Mitte des 19. Jahrhunderts wurde, von diesem Erfordernis abgesehen, noch eine andere Forderung erkennbar. Die Rationalisierung des Bauens stellte sich als dringende Verpflichtung, als wesentliche Notwendigkeit für das Weiterleben der Menschen in einer kritischen technologischen Situation dar. Die Anwendung rationaler Methoden auf andere menschliche Tätigkeitsgebiete, zum Beispiel auf die Produktion und den Verkehr, brachte Bedürfnisse mit sich, die es nie zuvor gegeben hatte. Diese Bedürfnisse stießen auf große Schwierigkeiten, sie wurden zu Problemen, zu Umwelt-Problemen, zum Problem des menschlichen Wohnens. Der Mensch geriet unter den Druck extrem dürftiger Lebensbedingungen. Sein Überleben wurde sogar von diesen Umwelt-Bedingungen, von seinen Wohnbedingungen, infrage gestellt. Vom Designer wurde erwartet, daß er das »Problem« ins Auge faßte, »Lösungen« anbot, um eine »Katastrophe größeren Ausmaßes« zu verhindern. Diese Lage wurde immer bedrohlicher. 1923 meinte Le Corbusier: »Die Gesellschaft ist von dem heftigen Wunsch nach etwas erfüllt, das sie vielleicht bekommt, vielleicht aber auch nicht. Es liegt alles daran: Alles hängt ab von den Anstrengungen, die gemacht werden, und von der Aufmerksamkeit, die man diesen alarmierenden Symptomen zuwendet«[1].
Viele Probleme verlangten nach einer Lösung.
Erstens, das Wohnproblem: Die folgende Textstelle aus dem 19. Jahrhundert gibt eine knappe, gute, wenn auch übertriebene Schilderung: »Wir zögern nicht zuzustimmen, daß es keinen fürchterlicheren Hohn auf die gesamte Kultur unseres gelobten Jahrhunderts gibt als die Tatsache, daß in unseren großen Städten 90 Prozent und mehr der Bevölkerung keinen Platz haben, den sie ihr eigen nennen können (...). In dieser Hinsicht stehen wir weit unter den Wilden. Der Höhlenbewohner hat seine Höhle, der Ureinwohner Australiens hat seine Lehmhütte, der Indianer hat seinen eigenen Herd, der moderne Proletarier hängt praktisch in der Luft.«[2]
Zweitens, das Verkehrsproblem: »(...) die Postkutsche wurde zum Automobil, zum Autobus, zur Straßenbahn, zu einer durch die Stra-

ßen donnernden Eisenbahn. (...) die Bevölkerung wuchs auf das Zehnfache an (...) ein neues ökonomisches System (...), das dringend nach einer hohen Reisegeschwindigkeit verlangte; *aber die Straße veränderte sich nicht!* Die Notwendigkeit hoher Geschwindigkeiten! Mehr und mehr Fahrzeuge mit hoher Geschwindigkeit erscheinen auf den Straßen (...). Die Straße ist zu einem Dämon geworden, der völlig aus unserer Kontrolle geraten ist (...)«.[3]
Drittens, das Problem der Zerstörung des ökologischen Gleichgewichts, das an der Wende zum 20. Jahrhundert in seiner Wichtigkeit für Design zur Kenntnis genommen wurde[4].
Viertens, das Problem der Zerstörung der Privatheit: »Die Wohnform muß den Druck berücksichtigen, den die modernen Kommunikationsmedien ausüben. Dennoch ist das, was für das Wohnen der neuen mobilen Seh- und Hörgesellschaft entworfen wird, bereits veraltet. Man bemüht sich kaum, die Verkehrs- und die akustischen Probleme zu lösen (...). Ohne Bedacht auf ihre Funktion und ihren Umfang erweitern sich die verschiedenen Bereiche der modernen Welt und sind rascher Veränderung und einer Vielfalt von Konflikten untereinander ausgesetzt. Die vielen Eindringlinge, die ihren Weg zu seiner Tür und zu ihm selbst finden, vermehrt noch um diejenigen, die ohne weiteres dahinter, in sein Unbewußtes, dringen, sind ein ungeheurer Anspruch an die Fähigkeit des modernen Menschen, auf irgendeiner Ebene seines Lebens auch nur den Anschein einer Sicherheit zu behaupten. Wo ist denn die Vorsorge für eine gesunde Sinnenhaftigkeit, die doch unerläßlich ist für das Privatleben, für Zärtlichkeit, für Staunen und Entzücken?«[5]
Fünftens, das Problem der Zerstörung der Gemeinschaft: »Luftverschmutzung und -vergiftung und die unerträglichen alltäglichen Verkehrsprobleme sind zur Sorge jedes Stadtbenutzers geworden (...). Wer sich mit der Krise der Stadt und der Verstädterung befaßt, muß das Problem (...) unter dem Aspekt des Drucks sehen, den technologische Fakten auf die gesellschaftlichen Belange ausüben (...). Das Übel der überalterten Städte wird womöglich einst weniger schlimm sein als die Verheerungen, die sich aus der Vernichtung des Gemeinschaftslebens ergeben werden«[6].
In allen diesen Fällen wird die »Krise« und das »Problem«, in dem sie antizipiert wurde, als Ergebnis eines unvermeidlichen technologischen Fortschritts festgestellt, als Folge der Rationalisierung der Produktionsmittel, mit der keine gleichartige Entwicklung der Design-Methodologie im Hinblick auf das menschliche Wohnen einherging. Rückständige Designer hatten mit den Realitäten nicht Schritt gehalten.
Die Architekten hatten keine Lösung anzubieten. Ihre Antworten waren immer »unangemessen«, »unrealistisch«, »irrelevant«, be-

herrscht von dem Aberglauben, den Tabus und der Besessenheit einer sichtbaren Ordnung. Architekten konnten einzig das Teilproblem einer visuellen Verkommenheit verstehen und damit fertig werden: »Die unordentlichen Girlanden der Telegrafen- und Telefondrähte, die an Schornsteinen und Dachfirsten befestigt sind, müssen irgendwie in eine Ordnung gebracht werden«[7].
Eine Folge war, daß Design in den fünfziger Jahren eine Veränderung erfuhr, die vermutlich einer der wichtigsten Schritte in seiner Verwissenschaftlichung war. Alle Design-Methoden wurden neu untersucht und bewertet, da man in der »Krise« die Auswirkung unangemessener und hinfälliger Methodologien sah und »die Lösung dieses ernsten Problems« von einer besseren und hieb- und stichfesteren Methodologie erwartet wurde. Eine unabhängige Disziplin entstand, die sich mit »Design-Methoden« befassen sollte. Mit diesem letzten Ausfall wissenschaftlichen Denkens auf das nicht-rationale Erbe und die entsprechenden Design-Gewohnheiten, scheint der Augenblick für eine endgültige Lösung des Problems einer von Menschen geschaffenen Umwelt gekommen zu sein.
Zunächst mußten neue Kategorien gefunden werden, um das Problem zu erkennen und zu beschreiben. Diese Kategorien waren nicht nur nicht-visuell, sie konnten sogar nicht-räumlich sein. Der Entwurf weiter Umwelt-Regionen wurde, weitaus mehr als Einzelbauten oder kleinere Gebäudegruppen, zum eigentlichen Gegenstand für die neue Design-Auffassung. Diese Auffassung suchte Umwelt-Design als eine multidimensionale Ordnung zu verstehen, die in ausschließlich empirischen und rationalen Theorien dargestellt wurde.
Wenn ich mich in diesem Essay auf Design-Erzeugnisse bezogen habe, so habe ich darunter meistens Gebäude verstanden, obgleich sowohl Städte wie auch andere Design-Objekte das Ergebnis ähnlicher Regeln und Theorien gewesen sind. Die Designer sowohl der umfangreichen als auch der kleinen Objekte sind in den meisten Fällen Architekten gewesen. Es war im Design-Bereich größter Ordnung, also im Städtebau, wie er auch genannt wurde, wo die Unzulänglichkeit des traditionell am Sichtbaren orientierten und an räumliche Vorstellungen gebundenen Architektur-Rahmens zuerst erkennbar wurde. Um die Erscheinungen, mit denen sie befaßt waren, darzustellen, schufen die Designer größerer Ordnung nun neue Kategorien und Design-Methodologien, die sie als selbständige Disziplinen entwickelten.
Designer der größeren Ordnung sehen ihre Probleme vor allem in Bezug auf den Aspekt des Wachstums. »Mit zunehmender Dringlichkeit fordern die taktischen Bemühungen um die Lösung städtischer Wachstumsprobleme stärkere strategische Unterstützung; allgemein zeigt sich ein neues Interesse und eine Art missionarischen Eifers bei

der Förderung theoretischer Forschungen«[8]. Aber Wachstum wird nicht mehr als wachsender Umfang eines Projekts definiert – ob es sich nun um eine Nachbarschaft handelt oder um eine Großstadt. Wachstum kann auch sein »eine Zunahme an Beschäftigungsdichte (...) oder es kann auftreten als Reichtum einer Stadt (...) [oder als] Konsumangebot (...) [oder als] Kommunikationsdichte«[9]. Wenn auch sicher alle darin übereinstimmen werden, daß Städte und auch Großstädte nicht nur in einem räumlichen Koordinatensystem gedacht werden können, sondern, wenn man sie aus der Luft wahrnimmt, auch als eine Ansammlung voneinander deutlich unterschiedener, erkennbarer Objekte von ganz unverwechselbarem Aussehen, »gibt es natürlich auch andere, nicht-visuelle und nicht-dingliche Komponenten, denn eine menschliche Siedlung ist auch ein Brennpunkt des Handels, der Produktion und menschlicher Interaktionen aller Art; und die Bewohner haben alle eine verschiedene Art zu leben.« Solche Aspekte fanden keinen Platz in der traditionellen Auffassung von der »städtischen Ansiedlung als einem Ort (...), der als Artefakt vorgestellt und entworfen wurde, in dem einzelne Artefakte im Raum verteilt sind und in dem bestimmte Orte für bestimmte Tätigkeiten geometrisch angeordnet sind (...). Weder den herkömmlichen Stadtplänen noch den ihnen zugrundeliegenden Untersuchungen ist es gelungen, die Stadt als einen im Raum vorsichgehenden gesellschaftlichen Prozeß zu beschreiben«[10].

Während es gewisse Meinungsverschiedenheiten gab im Hinblick auf die Art der neuen Kategorien, welche die alten ersetzen sollten, wurde doch das Grundprinzip allgemein anerkannt, daß nämlich Designer und Planer ihre Probleme besser lösen und ihre eigene Disziplin leichter zu einer Wissenschaft machen könnten, wenn sie mit den Prozessen zu tun hätten, die in den räumlichen Anordnungen enthalten sind, anstatt mit räumlichen Anordnungen, die gelegentlich auch irgendwelche Prozesse enthalten. Diese Umkehrung der Prioritäten kennzeichnete in der Tat einen entscheidenden Durchbruch in der Design-Methodologie, der die Vorstellungen einer visuellen Ordnung und auch die Überbleibsel von prärationalem Design unwiderruflich hinter sich ließ.

Jene, die den Versuch unternommen hatten, vom Standpunkt einer konstruktiven und funktionalen Perfektion aus der Architektur eine utilitaristische wissenschaftliche Disziplin zu machen und die sich dabei in den gewohnten visuellen Einordnungen verfangen hatten, mögen im Hinblick auf konkrete Ergebnisse vielleicht gescheitert sein. Aber ihre Bemühungen trugen sicher dazu bei, die Einstellung für die späteren Untersuchungen vorzubereiten; ihr Versagen bot wertvolle Erfahrungen. Sie hatten es immerhin möglich gemacht, daß man die verzwickte Rolle von Gebäuden nicht länger mißverstand

und in ihnen nicht mehr – gleichgültig, ob das katastrophale oder segensreiche Folgen hatte – nur deutlich unterschiedene, schlichte und unzweideutige Einzelobjekte sah.
1963 erschien »*Community and Privacy*« von Serge Chermayeff und Christopher Alexander, die erste Veröffentlichung, in der sich die neuen Ideen zur Architektur kristallisierten. Chermayeffs Untersuchungen über die dreißiger Jahre bezogen sich bereits auf die Entwicklung nicht-visueller Kriterien beim Design von Gebäuden, die er »Maße« nannte; Alexander brachte sowohl Voraussetzungen in Mathematik und Logik als auch in Architektur mit. Chermayeffs spätere Untersuchungen konzentrierten sich auf die Bewertung von Gebäuden als Kommunikationskanäle. Er wollte herausfinden, in welcher Weise Gebäude durch ihr materielles Gefüge die Interaktionen von Menschen beeinflussen und wie sie daher aus dem Gesichtspunkt von Privatheit und Gemeinschaft wirken.
Die kleinen Durchbrüche des Funktionalismus in der Architektur hatten mit der Optimierung gewisser Prozesse der Benutzer von Gebäuden zu tun, soweit diese von dem Gefüge des Gebäudes beeinflußt waren, zum Beispiel: mit der Minimierung unnötiger Bewegung von Menschen in einem Gebäude, von verlorenem Raum im Baugefüge durch alles, was mit dem Parken zusammenhängt, mit allgemeinen Verbesserungen im Sinne der Untersuchungen Frederick W. Taylors, die man zwar in der gleichen Absicht, aber nicht mit der gleichen Präzison vorgenommen hatte. Diese Überlegungen bezogen sich auf die »Verwendung von Menschen als Bestandteilen von Maschinen bei der Erledigung von Routine-Arbeiten«. Das Gebäude wurde, nach den Worten Le Corbusiers, mit Bezug auf das Wohnhaus als »Wohnmaschine« betrachtet.
»*Community and Privacy*« hat eine andere Richtung. Das Buch beschäftigt sich mit der Verwendung von Personen in Organisationen. »Organisation« bezieht sich hier auf die Benutzer von Gebäuden. Im besonderen befaßt sich die Publikation mit der Organisation von Wohnungsbenutzern und der Beziehung anderer Personen zu ihnen, und zwar unter dem Einfluß der physisch erfahrbaren Raumstruktur des Gebäudes.
Das Buch markierte einen Wendepunkt in der Architektur. Funktion ist hier keineswegs mehr eine abstrakte, unspezifische Vorstellung, noch ist sie an visuell wahrnehmbare Muster gebunden. Die Form des Gebäudes entwickelt sich langsam, unmittelbar aus den im voraus definierten Bedürfnissen, die es zu erfüllen hat, wobei man sich an verfügbare Mittel und an eine begrenzte Situation hält, innerhalb deren eben dieses besondere Design-Produkt herzustellen ist. Dieses Produkt ist nicht länger ein »Gebäude«; es ist ein Grundmuster, in dem das Gebäude und die Tätigkeiten (für die es bestimmt

ist*) aufeinander einwirken, ein Komplex aus materiellem Gefüge und seinem Gebrauch. Außerdem wird vorausgesetzt, daß ein Design-Produkt jetzt objektiv *gemessen* und *bewertet* werden kann, und zwar im Hinblick auf andere parallele oder konkurrierende Design-Produkte und in Bezug auf »bewußt ausgewählte Ziele« und darauf, wie jede dieser Lösungen sich darstellt, welchen Rang sie einnimmt im Hinblick auf die zu erfüllenden Bedürfnisse, welche Mittel sie beansprucht und welche Grenze sie überschreitet. Ein Teil von »*Community and Privacy*« beschäftigt sich mit der vergleichenden Bewertung von Häusern und Häusergruppen und stellt dabei die Methode vor, nach der es möglich ist, zu rationalen Lösungen für Architektur-Probleme zu kommen.

Im Verlauf seiner Lösungsversuche für komplexe Probleme wird der Designer gewahr, daß nicht-bewußte Lösungen nicht mehr adäquat sind: »(...) die zahllosen Interaktionen zwischen den verschiedenen individuellen (...) (Erfordernissen) (...) machen es unmöglich, alle diese Punkte mit einem Mal in Betracht zu ziehen. (...) das Problem, so wie es sich stellt, ist ungeheuer komplex, viel zu komplex, um ›mit einem Blick‹ erfaßt zu werden (...), eine Aufgabe, die menschliche Fähigkeiten überschreitet, auch wenn es ein vergleichsweise kleines Problem ist«.

An diesem Punkt ist der zweite wichtige Beitrag des Buches zu vermerken. »Probleme dieser Art können nicht ohne die Hilfe von Computern gelöst werden (...). Der Mensch ist zwar imstande, gewisse Beziehungen zwischen Dingen zu erfinden und diese Dinge in einem neuen Rahmen zu sehen, aber in komplexen Zusammenhängen ist er unfähig, diese Beziehungen sehr gründlich und ohne behindernden Zeitverlust zu erforschen«[11].

Eine ähnliche Position wurde von einem der Autoren von »*Community and Privacy*«, das ein Jahr später erschien, eingenommen: »(...) aus dem Mangel an Organisation und dem Mangel an Klarheit der uns umgebenden Formen ist ersichtlich, daß ihr Design das Denkvermögen der Designer weit überschritten hat«[12]. Alexander erklärt dann, daß solche Schwierigkeiten auftauchen, wo Logik schwach entwickelt ist oder ganz und gar fehlt. Eine starke Logik ist imstande, »künstliche Strukturen aus Elementen und Beziehungen zu erfinden. Manchmal ist eine dieser Strukturen nahe genug an einer realen Situation, um sie repräsentieren zu können. Und dann, eben weil die Logik so zwingend ist, gewinnen wir Einsichten in die Realität, die uns bisher vorenthalten geblieben waren.«

Die Überführung von nicht-bewußtem in bewußtes Design stellt für Alexander einen fatalen, das heißt, unvermeidlichen »Verlust an Un-

---

* Anm. d. Übers.

schuld« dar. In seine Überlegungen über nicht-bewußte Kulturen wird der Mythos von der »bescheidenen Hütte« wieder aufgenommen, aber in einer vollkommen anderen Weise. Allerdings, so meint er, seien primitive Design-Produkte gelungener als unsere gegenwärtigen, aber nicht, weil jene weniger verdorben seien oder weil sie nur wesentliche Elemente enthielten, sondern weil das »Problem« einen niederen Komplexitätsgrad habe und daher durch nicht-rationale Methoden leicht gelöst werden könne.« (...) Form-Gestalter reagieren in nicht ihrer selbst bewußten Kulturen auf kleine Veränderungen in einer Weise, die den Sub-Systemen des fragwürdigen Systems erlauben, unabhängig zu arbeiten (...). In einer solchen Kultur ist ein klares Grundmuster entstanden. Da sie sich in sich selbst immer wieder reguliert, läßt das zu, daß die Herstellung zweckmäßiger Formen sich immer in einem aktiven Gleichgewicht mit dem System hält«[13]. So empfehlen sich also zwei Zielrichtungen, um die gegenwärtige Krise, die sogenannte »Umwelt-Problematik«, zu bewältigen: Kenntnis seiner selbst und Methoden, um mit ihrer Komplexität fertigzuwerden, mit anderen Worten: bessere und striktere Logik.
Der Optimismus von »*Community and Privacy*« und den »*Notes on the Synthesis of Form*« (beide Bücher sind in dieser Zeit konzipiert, obgleich sie erst später veröffentlicht wurden) ist typisch für mehrere akademische Bereiche der Sozialwissenschaften, besonders für die angewandten Arbeitsbereiche, die »gebaute Soziologie«, wie Gropius gesagt hätte, während der sonst ziemlich deprimierenden Epoche der fünfziger Jahre. Diese Selbstgewißheit hat eine enge Verbindung mit dem gleichzeitigen Erscheinen des Computers als einem Werkzeug, das viele Möglichkeiten enthält. Wiewohl beide Autoren, Alexander wie Chermayeff, sehr darauf bedacht waren, den Computer nicht zu überschätzen, und die Tatsache hervorhoben, daß seine eigentliche Bedeutung darin liege, »Zeit zu sparen«, neigte die allgemeine Stimmung zu übertriebenen Hoffnungen in die neue Maschine. Da alle Aspekte der Krise, wie wir gesehen haben, auf das Problem einer hohen Komplexität reduziert worden waren, war es nur noch die Frage der Jahre, wann diese Komplexität durch quantifizierbare Werte entwirrt werden würde. Wenn man diese dann dem Computer einfütterte, würde das zu umfassenden und zufriedenstellenden Lösungen führen. Sehr bald, so meinte man – sobald nämlich die Wissenschaften entsprechend organisiert und vorbereitet und alle nötigen Daten, das heißt, all die kleinen Teilchen und Stückchen der Realität gesammelt sein würden –, würden die Computer imstande sein, alle Phänomene zu erklären und also alle Probleme zu lösen. »Die technologischen Fortschritte der vierziger Jahre verstärkten nur noch die allgemeine Euphorie. Computer waren in Sicht, und ihre bevorstehende Verfügbarkeit verstärkte den Glauben, daß es hinreichen würde, ein

theoretisches Verständnis allein der einfachsten und ohnehin einsichtigen Phänomene zu gewinnen – alles andere würde lediglich beweisen, daß es sich um ‹mehr des Gleichen› handelt, um eine scheinbare Komplexität, die durch das elektronische Wunder entwirrt werden würde (...). Für diejenigen, die eine eher mathematische Formulierung der grundlegenden Prozesse suchten, gab es die gerade entwickelte mathematische Kommunikationstheorie, die, wie in den frühen fünfziger Jahren weithin angenommen wurde, einen fundamentalen Begriff – den Begriff der ‹Information› – zur Verfügung gestellt hatte, der die Sozial- und Verhaltenswissenschaften vereinigen und die Entwicklung einer zuverlässigen und zufriedenstellenden mathematischen Theorie des menschlichen Verhaltens auf einer probabilistischen Basis gestatten würde.«[14]

Brillouin, einer der enthusiastischsten Förderer der Informationstheorie, beschrieb sie als »neue wissenschaftliche Theorie (...), ursprünglich das Ergebnis einer ganz praktischen und utilitaristischen Auseinandersetzung, [die] einen befähigt (...), eine ganz direkte Verbindung zwischen Information und Entropie aufzuzeigen«[15]. Diese abstrakte Feststellung implizierte Ungeheures: die Herstellung einer direkten Verbindung zwischen Idee und Materie, zwischen »Kultur und Technologie«, zwischen »Energie und geistigen Kategorien«.

Im Hinblick auf die konkrete Verwendbarkeit waren jedoch alle diese neuen utilitaristischen »Wissenschafts«-Konzepte ungeheuer begrenzt und auch begrenzend. Die meisten »Umwelt-Probleme« wurden in diesem System als Fragen der Überfüllung, der Überlastung, der Engpässe beschrieben, ob sie nun mit Verkehr oder Wohnung oder sogar mit der visuellen Ordnung der Umwelt zu tun hatten[16].

Sowohl »*Community and Privacy*« wie auch »*Notes on the Synthesis of Form*« riefen eine lebhafte Kontroverse hervor, als sie erschienen. Gewiß, für diejenigen, deren eigentliches Anliegen es war, die visuelle Form als Selbstzweck zu beeinflussen, waren beide Bücher nichts als bedeutungsloses Geschwafel, ungeeignet, dem Designer irgendeine Hilfe zu geben. Für die anderen, die nur auf die Verwissenschaftlichung der Architektur warteten, waren beide Bücher der Wendepunkt, von dem sie geträumt hatten. Lethabys Wort, daß Design nicht länger ein Geheimnis, sondern vielmehr ein bewußter Prozeß sei, dessen Ziel es sei, eine Form dem entsprechenden Programm anzupassen, schien Wirklichkeit geworden zu sein.

Als Folge davon bildeten sich zwei entgegengesetzte Lager: die »Technophoben« und die »Technophilen«. Der Konflikt in der gegenwärtigen Architektur ist, so gesehen, der Gegensatz dieser beiden konkurrierenden Verhaltensweisen in diesem Berufsstand. Die einen klammerten sich an die altgewohnten Beglückungen und nahmen die neuen Realitäten nicht zur Kenntnis; die anderen nahmen die

Verantwortung, auf die neuen Bedingungen zu reagieren, auf sich und machten sich die neuen Methodologien und das neue Instrumentarium zu eigen. Die Krise der von Menschen geschaffenen Umwelt wurde von der Avantgarde der Profession als Ergebnis einer verzögerten Anwendung neuer Techniken bei der Bewältigung der Probleme angesehen. Ein Teil der Architekten schließlich reagierte, wie nicht anders zu erwarten, in einer konservativen, eigensinnigen, egoistischen oder auch trägen Weise, indem er den *status quo* verteidigte.

Aber mit der Entwicklung beider Verhaltensweisen während der sechziger Jahre wurde das Paradoxon immer deutlicher erkennbar, da zugleich mit der zunehmenden Rationalisierung der Architektur die formalistische Einstellung zu ihr zunahm. So wie die Rationalisierung der Architektur sich als verzweiflungsvoll unzulänglich erwies, etwas gegen die zunehmende Repression des Menschen durch die von ihnen selbst geschaffene Umwelt zu unternehmen, zeigte sich auch die formalistische Auffassung demselben Umstand gegenüber in einer überwältigenden Weise irrelevant. All diese Bemühungen endeten in Theorien, die nur partiell imstande waren, die fraglichen Phänomene darzustellen. Ihr schwächster Punkt aber war, daß sie nicht in der Lage waren, irgendwelche künftigen Vorgänge und Ereignisse vorauszusagen. In den sechziger Jahren schien in der Tat der Traum, eine befreiende Umwelt für den Menschen durch »Rationalität« zu gewinnen, endgültig und für immer zu zerrinnen. Das Ergebnis war eine pessimistische Grundstimmung: sie wirkte sich insbesondere auf die Architektur aus; da aber während dieser Jahre die meisten Tätigkeiten und Disziplinen auf die eine oder andere Weise mit dem Design der menschlichen Umwelt im weitesten Sinne verknüpft waren, breitete sich diese pessimistische Haltung in allen intellektuellen Tätigkeiten aus.

Der Rationalisierung des Design war es nicht gelungen, die Krise zu beheben. Nicht nur, daß sie keine repressionsfreie Umwelt zustande gebracht hatte, sie hatte im Gegenteil dazu beigetragen, die Umwelt-Repression noch zu fördern, weil sie die Ergebnisse der Designer – was ihre Methoden zur Lösung von Problemen anging – als nicht geeignet erachtete, um gelungene Produkte hervorzubringen. Dabei war hier nichts zu lösen. Eine repressionsfreie Umwelt hängt nicht von der Qualität oder Quantität der Produkte ab, die sie füllen, sondern von den Beziehungen ihrer Bewohner zueinander.

Die Überwindung des »Status Naturae«

Für die rationale Auffassung war Design ein Prozeß zur Lösung von Problemen: Ein Produkt wird geschaffen, das der Forderung nach Zweckmäßigkeit »genügt« und von den verfügbaren Mitteln bestimmt wird. Auch das prä-rationale Produkt muß sich in die vorgeschriebene Struktur des göttlichen Modells »einfügen« und entsteht durch Verwendung der verfügbaren Mittel. In der prä-rationalen Welt werden alternative Lösungen nach dem Grad ihrer Annäherung an das göttliche Modell bewertet. Solche Alternativen ergaben sich durch gewisse, manchmal zufällige Manipulationen wie zum Beispiel durch Weissagung. Andererseits war der prä-rationale Mensch, wenn er ein Design-Produkt hervorbrachte, nicht mit der Lösung eines Problems befaßt, das heißt, für ihn war Design kein Vorgang zwecks Lösung von Problemen. Die Herstellung eines Design-Produkts hatte für den prä-rationalen Menschen nur zwei Bedeutungen: Einmal wandte er sein kreatives Vermögen an, indem er Strukturen schuf (also Design in seiner fundamentalsten Bedeutung), und dann machte es ihm diese Tätigkeit möglich, mit seinen Mitmenschen in Beziehung zu treten. Daher war Design für ihn ein Weg, seine Befürchtungen darzustellen und seine Ängste, die sich aus den Möglichkeiten menschlicher Unterdrückung ergaben, nach außen zu projizieren. Während der prä-rationale Mensch vor allem damit beschäftigt war, eine repressionsfreie Umwelt hervorzubringen, ist es für das rationale Design, das fest an seine Nützlichkeit gebunden ist, ganz unmöglich, sich mit ihr zu befassen oder sie womöglich gar zu schaffen.
Der utilitaristischen Auffassung entsprechend, ist dem Menschen die unaufhörliche Maximierung seines Reichtums aufgegeben, eine Aufgabe, die seine charakteristische Fähigkeit des Problem-Lösens andauernd in Anspruch nimmt. Das utilitaristische Charakteristikum, jede Design-Tätigkeit mit einer absichtsvollen Aufgabe zu verbinden, gilt nicht allein für den Rationalismus. In den Schriften des Thomas von Aquin finden wir die Disziplin des Utilitarismus beschrieben: »Alles, was geschieht, hat ein Ziel vor sich, während es geschieht (...).« »Bei allen Dingen, die auf etwas abzielen, ist das, was zwischen das erste Geschehen und das endgültige Ziel tritt, ein Ziel im Hinblick auf das, was vorher war und ein tätiges Prinzip im Hinblick auf das, was folgt«. »Fehler treten nur auf bei Dingen, die ein Ziel haben.« » (...) das, wonach das Geschehende strebt, muß notwendig dem Geschehenden entsprechen, denn das Geschehende

würde nicht dahin streben, wenn es nicht irgendwie zweckmäßig wäre. Aber das, was zweckmäßig ist für eine Sache, ist auch gut für sie.« »Das Ziel ist da, wo das Verlangen des Tätigen oder des Bewegers zur Ruhe kommt, wie gleichermaßen das Verlangen der Sache, die bewegt wird.« Das Ziel bei Thomas von Aquin ist typisch für den Prä-Rationalismus: »Die Form des Erzeugers ist das Ziel der Erzeugung (...). Daher streben alle Dinge zu einer Ähnlichkeit mit Gott als ihrem letzten Ziel.«[1]
Utilitaristisches Design wendet dieselben eisernen Regeln an, allerdings mit einigen fundamentalen Unterschieden: Das Ziel eines Design-Produkts ist irgendein materieller Nutzen; dieser Nutzen ist Gegenstand der Quantifizierung und soll maximiert werden; die Leistungsfähigkeit eines Design-Produkts läßt sich empirisch nachprüfen.
In beiden Fällen ist ein bewußtes Bemühen wirksam, »eine systematische Methode des Verhaltens in der Absicht, den *status naturae* zu überwinden, [was begleitet ist von] der dringendsten Aufgabe: der Aufhebung des spontanen impulsiven Vergnügens. Das wichtigste Mittel dabei war: Ordnung in das Verhalten seiner Anhänger zu bringen (...) die praktische Rationalisierung des Lebens vom Standpunkt der Nützlichkeit aus«[2].
Wir können so die Bemühungen der Funktionalisten verstehen, eine verbindliche Disziplin zu schaffen, obgleich sie sich heute an anderen Zielen orientieren: »Design wird oft für ein unerklärliches Geheimnis gehalten, und es ist schwierig, verständlich zu machen, daß Design nicht notwendig ein Muster sein muß, das auf ein Papier gezeichnet wird, noch eine fremdartige Originalität besitzen muß; es sollte ganz einfach nur die richtige Gestalt und Ausführung für eine erforderliche Sache sein«[3]. Die Angriffe auf das Ornament sind, von hier gesehen, nicht nur Angriffe auf seine unerklärbare Rolle als Zeichenüberträger einer vergessenen Sprache, als Kontaktmittel einer verschwundenen Gesellschaft, auf seinen Aufwand oder die falsche Art des Hortens, sondern Angriffe wegen seiner spielerischen Eigenart.
Das Bedürfnis nach Disziplin und mit ihr »den *status naturae* zu überwinden«, geht weit über die Architektur hinaus. Die Wandlungen in der Design-Methodologie und in ihren Zielen läßt sich nicht allein aus dem Bereich des Design erklären. Ohne Ansehen seines Inhalts entsteht Design durch ein Netzwerk von Entscheidungen, die von mehreren voneinander abhängigen Individuen ausgeführt werden, also auch mittels sozialer Beziehungen. In diesem Falle ist es nicht das Design, dessen Organisation die sozialen Beziehungen, die Verteilung der Macht bestimmt, sondern es sind die sozialen Beziehungen, welche die Design-Organisation schon im Konzept bestim-

men; denn Design-Produkte sind die Mittel, durch die gesellschaftliche Beziehungen verwirklicht werden. Folgerichtig ist es – abgesehen von der genauen Definition des eigentlichen Design-Prozesses – das Ziel der Architektur, die Erfordernisse dieser gesellschaftlichen Beziehungen, also die charakteristische Eigenart und Organisation des jeweiligen *status quo*, widerzuspiegeln und zu stärken. Design-Ziele liefern einen Vorstellungsrahmen, eine Reihe suggestiver Regeln, mit deren Hilfe individuelle Tätigkeiten kanalisiert und geformt werden.

In der letzten Phase des Prä-Rationalismus hatten sich Unterschiede in der Machtverteilung gezeigt. Diese veränderte Organisation hatte sich dadurch materialisiert, daß einigen Design-Produkten die Bedeutung von akkumulierter Macht in Form von Schönheit zugeschrieben wurde. Im Zenith des utilitaristischen Rationalismus ergab sich erneut die Möglichkeit, akkumulierte Macht auszudrücken, und zwar indem man die Idee der Nützlichkeit einführte, der Nützlichkeit, die schon früher den Platz der Schönheit eingenommen hatte. Nützlichkeit ist eine klar begrenzte, schätzenswerte Eigenschaft, die ein Gegenstand wie auch ein Ort besitzen kann. Der Gegenstand oder der Ort, der Nützlichkeit besitzt, kann ein Bedürfnis befriedigen und wird auf diese Weise nicht nur etwas Besonderes, sondern auch etwas Wünschenswertes.

Zugleich werden solche privilegierten Gegenstände oder Orte von der Gesellschaft so lange zur Verfügung gestellt, als für ihre Herstellung Produktionsmittel vorhanden sind. Diese Produktionsmittel werden nicht gemeinschaftlich von der Gesellschaft kontrolliert, sondern allein durch denjenigen verwaltet, der sie durch seine Machtvollkommenheit zur Verfügung stellt, den autoritativen Versorger. Folgerichtig hängen also Produkte nicht allein von den Produktionsmitteln ab, sondern auch von dem Willen dessen, der die Produkte zur Verfügung stellt. Dieser ist bereit, die Produkte – Waren – unter der Bedingung zu liefern, daß der Empfänger bereit ist, dem Produzenten einen Teil seiner Macht abzutreten. Jedes Mal, wenn eine solche Transaktion abgeschlossen wird, verliert die Person, deren Bedürfnisse befriedigt worden sind, etwas von ihrer persönlichen Freiheit; diese nämlich wird in Form von Macht vom »Versorger« erworben, gewissermaßen als Gegenleistung für die erwartete Nützlichkeit des ein Bedürfnis befriedigenden Objekts. Dieses Objekt aber steht für das, was der Mensch weggibt, um es zu erwerben: Macht. Die »Überwindung des *status naturae* läßt den Menschen die Wirklichkeit in dieser merkwürdigen Weise sehen. Er erkennt ein spezifisches Bedürfnis, indem er dessen potentielle Befriedigung ganz genau beschreibt, (reziproker Wert zur Ware). Andererseits werden nur solche Bedürfnisse erkannt und als »wirklich« propagiert, deren Befriedigung durch einen Austausch bewerkstelligt werden kann, der für den Warenverteiler einen Zuwachs an Macht ergibt. Das Ziel der »konstruktiven Perfektion« wird formuliert und als eine bewußte Aufgabe propagiert, sobald die Produktionsmittel so sind, daß sie gewinnbringende Güter für das materielle Baugefüge herstellen können. Es ist interessant zu bemerken, daß die Rationalisierung der Architektur beherrscht wurde von der »konstruktiven Perfektion«, obgleich evident war, daß dadurch keine Ersparnisse erzielt wurden, was ja bedeutet, daß man Produkte herstellen und anbieten kann, wenn sich ein bloß angenommener Nutzen antizipieren läßt. Das Ziel »konstruktiver Perfektion« wurde von dem Ziel »funktionale Perfektion« abgelöst, als die entsprechenden Produktionsmittel da waren, nachdem die Computer, die notwendig waren, um sie in die Praxis umzusetzen, zu Programmen für eine funktionale Organisation statt zur Herstellung von Konstruktionselementen geführt hatten. Man hat argumentiert, daß neue Produkte bereits auf dem Markt angeboten werden, sobald eine annehmbare Kostenrechnung besteht, der sie entsprechen.

Daraus folgt, daß die Möglichkeit, diese Kostenrechnung nach entsprechenden Daten aufzustellen, eine Voraussetzung für neue Produkte ist. Dazu läßt sich sagen, daß diejenigen, die über Macht verfügen, diese Kostenrechnung genau verfolgen und daß sie interessiert zu sein scheinen, sie richtig einzuschätzen, wenn es darum geht, neue Güter herzustellen. Die Theorien über visuelle Information und die Hypothese, daß die Stadt ein Kommunikationsweg sei, beide während der fünfziger Jahre entwickelt, waren zum Beispiel Mittel, um Ersparnisse oder Verluste im Falle von Degeneration oder Regeneration (von Stadtteilen*) zu quantifizieren. Sie ermöglichten es, eine Leistung in rationaler und wissenschaftlicher Weise zu bewerten – im strikten Gegensatz zu den traditionellen Argumenten von Schönheit und Stil. Die neue Leistungsbewertung ergab (zusammen mit anderen Bewertungen) die Begründung für die Sanierung heruntergekommener Massenquartiere und den Ersatz »visueller Verkommenheit« durch Projekte von vorzüglicher Ordnung, eben das neue »Produkt«. Aber die »heruntergekommenen Quartiere« wurden als »Problem«-Gebiete angesehen und rangierten sehr weit unten im Hinblick auf ihren visuellen Kommunikationswert. Diese Probleme konnten rational nur gelöst werden, wenn man sich klar machte, daß sie »bestes Stadtgebiet« besetzt hielten, das »wie eine faule Stelle in einem Apfel (...) inmitten größter Schönheit im Verfall begriffen war«[4].

Der Verfasser bezieht sich auf Washington, D. C.**, aber die Ausein-

* Anm. d. Übers.
** District of Columbia, Anm. d. Übers.

andersetzung läßt sich verallgemeinern. Der Prozeß, wie rationale Verfahren auf Design angewandt werden, verläuft in folgenden Schritten: Ein vages Gefühl von Unzufriedenheit wird als Problem festgestellt, für dessen Lösung etwas Nützliches geschehen muß. Dann wird eine genaue Nützlichkeitsfunktion damit verbunden und zugleich das ganze Phänomen auf diese Nützlichkeitsfunktion reduziert. In der Formulierung des Problems wird vorausgesetzt, daß eine Lösung im Rahmen sozialer Gruppierungen gefunden werden kann. Sie beruht auf dem Prinzip eines latenten Nützlichkeits-»Optimismus«: »Auch wenn es ein schlechtes Prinzip ist, kann die Welt dennoch, auch wenn ein solches Prinzip in ihr wirksam ist, praktisch eine bessere Welt sein, als ohne es«[5]. Sicher wäre es sehr schwierig nachzuweisen, daß die neuen Entwicklungen zu einer annehmbareren Umwelt führen würden, wenn man in Betracht zieht, daß zu dem Schutt und Abfall, den man aus jenen »heruntergekommenen Quartieren« abzuführen hätte, auch Menschen gehören würden, denen es – obgleich die hypothetischen Verbesserungen zu einem Teil auch sie beträfen – vermutlich nicht besser gehen würde.
Der Konsument verlangt nach dem »Objekt als Ware«, er hat erkannt, daß in ihm ein Nutzen liegt, die Möglichkeit, eine gewisse Angst vor Verlusten aufzulösen. Aber wovor der Konsument Angst hat, ist, daß ihm Macht vorenthalten wird und er den Kontakt zu anderen Menschen verliert. Er sucht das, was er verloren hat, in einem Design-Produkt wiederzugewinnen, obgleich das, worauf er wirklich aus ist, eine andere gesellschaftliche Ordnung ist, durch die er seine Freiheit zurückgewinnen kann. Der Konsument braucht Design-Produkte nicht, weil dies in seiner Natur liegt, sondern weil er dazu erzogen worden ist. So steht die Ware in Beziehung zu einem komplexen gesellschaftlichen Konzept und nicht zu einer biologischen Notwendigkeit, einem instinktiven Bedürfnis. Das Bedürfnis des Konsumenten ist derart determiniert worden, daß es mit den Möglichkeiten desjenigen, der die Ware zur Verfügung stellt, mit dem Versorger, übereinstimmt. Der Konsument, der motiviert ist durch sein erworbenes Bedürfnis, ist bereit, einen Teil seiner Freiheit seinem Versorger für den Erwerb des begehrten Objektes zu überlassen. Er ist willens, diese Repression hinzunehmen, indem er die Befreiung, die ihm das Waren-Objekt ermöglichen soll, antizipiert. Im Verlauf dieses Austausches gibt der Konsument einen Teil seines menschlichen Selbst auf, um einen leblosen Fetisch zu erwerben.
Aber der Druck, unter den der Mensch durch diese Transaktion gerät, ist sicherlich größer als die Befriedigung durch den Fetisch. Nicht nur ist seine Freiheit beschnitten durch die Abhängigkeit von seinem Versorger, auch die Möglichkeiten, durch Zusammenschluß mit anderen Menschen diese Repression zu überwinden – wie im Falle der

prä-rationalen Umwelt –, sind begrenzt, da er mit jeder Transaktion den status quo im ganzen festigt.
Die Repression in der von Menschen hergestellten Umwelt hat daher heute drei Aspekte:
Erstens, die Repression als Ergebnis der zunehmenden Diskrepanz zwischen der von Menschen geschaffenen und der natürlichen Umwelt; die fraglos hohen Kosten einer künstlichen Existenz; die Vergewaltigung der biologischen Natur des Menschen. Aus diesem Gesichtspunkt bleibt der Überlegenheitsanspruch der Theorie von der »bescheidenen Hütte« zu Recht bestehen. Die Kluft zwischen der natürlichen Umwelt und der von Menschen geschaffenen ist unvermeidlich; daran ändern auch Methodologien nichts. Dies ist ein unwiderruflicher Prozeß, solange die Gesellschaft beherrscht ist von Beweggründen wie Akkumulation und Konzentration von Macht.
Zweitens, die Repression, die sich aus der wachsenden Diskrepanz zwischen Menschen ergibt. In der prä-rationalen Gesellschaft wurde selbst die Verteilung von lebensnotwendig Nützlichem in ihrer Bedeutung als menschlicher Kontakt verstanden. In der autoritären Gesellschaft wird jedes menschliche Individuum zum Nutzen. In dem Versuch, sich aus dieser Situation zu befreien, wird der Mensch zum Konsumenten von Objekten als von Waren und gerät damit in einen ihn selbstvernichtenden bösen Kreislauf. Aus dem Bild des individuellen ökonomischen Menschen des 19. Jahrhunderts wird die Wirklichkeit des einsamen Menschen im 20. Jahrhundert.
Schließlich als Ergebnis der eben geschilderten Entwicklung versucht der Mensch, nachdem er sich selbst seine Freiheit beschnitten hat, sich in den Konsum zu retten, was, wie sich zeigt, die entgegengesetzte Wirkung hat. In allen drei Fällen ist Befreiung durch den Erwerb lebloser Fetische von einer noch unentrinnbareren Repression begleitet. Der Prozeß geht weiter, bis schließlich kein Fetisch mehr das Gefängnis erträglich machen kann, zu dem die menschliche Umwelt zunehmend wird. Kein Überfluß und nicht die Perfektion materieller Objekte, die von einer fortgeschrittenen Technologie, überlegtem Marketing oder sozialer Fürsorge produziert und verteilt werden, kann die Befreiung bringen. In der Ausweitung dieses Systems entwickelt sich ein Paradoxon, wobei die negativen, zerstörerischen oder ganz allgemein repressiven Kräfte, die innerhalb der menschlichen Umwelt wirksam sind, statt sich verborgen zu halten, einen umfänglichen Gebrauch von der Verbreitung in der Öffentlichkeit machen, weil man sich durch ihre systematische Manipulation eine Zunahme des Konsums erhofft. Ähnliche Verfahrensweisen werden in Kampagnen zu Problemen, wie Wohnen, Verkehr, oder natürliche Umwelt angewandt, wobei man annimmt, daß die sich daraus ergebenden Schäden durch den Konsum neuer Produkte geheilt werden können.

Auf diese Weise nimmt die Akkumulation von Macht in kleineren Gruppierungen und immer dichterer Konzentration zu, während sich das System zugleich erweitert.

Es kann keine befreiende oder repressionsfreie Umwelt geben, solange sie einzig und allein auf der Quantität und der Qualität der Design-*Objekte* beruht, die sie ausmachen. Eine solche Umwelt kann weder die Sackgasse einer Kette von Supermärkten sein, noch die gleichfalls in eine Sackgasse führende Illusion, daß man sich in die Phantasie oder ein Utopia, in ein hoffnungsloses Arkadien, retten könne.

Das hoffnungslose Arkadien

> »*Sie sagen: die Häuser von Molu in Tomboké sind gut und richtig. In Molu haben die Häuser Stockwerke. Aber es sind die Menschen, die gut und richtig sind, nicht die Häuser mit den Stockwerken.*«[1]

Der Architekt, der ein Utopia, ein Arkadien, entwirft, gibt seine Rolle als aktiver Teilnehmer im Produktionsprozeß der menschlichen Umwelt endgültig auf. Statt seinen Auftraggebern zu dienen, dienen vielmehr diese ihm. Sie liefern ihm handfeste Mittel dafür, daß er weiterexistieren und seinem Traum nachhängen kann. Er erwirbt für seine Arbeit und für sich selbst eine parasitäre Lebensform in der Gesellschaft. Die Utopie – das neue Arkadien – löst die Probleme nicht, im Gegenteil, sie stellt der Gesellschaft neue. Wie bei jedem anderen Problem geht der Design-Prozeß für eine Utopie von gegebenen Elementen, Mitteln und Einschränkungen aus und experimentiert mit Kombinationen dieser Voraussetzungen, indem er sie gegeneinanderstellt und sie in einer Weise miteinander in Verbindung bringt, die auf kein vorformuliertes Ziel ausgerichtet ist, sondern auf Strukturen abzielt, die bis dahin nicht in Erscheinung getreten sind. So wie Thomas von Aquin sagt, gehört dies zu »gewissen Handlungen, die kein äußeres Ziel zu haben scheinen, so wie spielerische oder nachdenkliche Handlungen oder Denkvorgänge, die ihr Ziel (...) in sich selbst haben«[2]. Innerhalb dieser Handlungen »braucht der Mensch (...) keines anderen Freiheit zu gefährden, um seine eigene zu behaupten«[3].
Aus diesem Gesichtspunkt könnte das utopische Produkt der Falle des Waren-Produktions-Prozesses und des Konsumzwanges entkommen. Der Designer macht einen Struktur-Entwurf, der im *Kontext* mit der vorhandenen Struktur verständlich ist. Er bereichert und entfaltet die bereits bestehende Wirklichkeit, indem er mit ihren vorgegebenen Elementen arbeitet und den Menschen von der Notwendigkeit, sich ihren Einschränkungen anzupassen, befreit. So demonstriert eine Utopie die Möglichkeit eines Handelns, das von der geltenden autoritären Formel für die Lösung von Problemen abweicht. In Beziehung auf das Produkt eines utilitaristischen Rationalismus kann eine Utopie dem repressiven *status quo* entgegenwirken. Sie ist irgend etwas zwischen einem Witz, einer sanften Vergewaltigung und einem Verbrechen, einem gewalttätig erzwungenen Einbruch. Aber wie ein Kunstwerk ist auch eine Utopie eine symbolische Abweichung (vom jeweils Geltenden); sie ist eher eine Theorie, die in einer von ihr

geschaffenen, abstrakten Sprache die Begrenzungen des Systems beschreibt, in dem auch sie eingeschlossen ist. Da der Entwurf einer Utopie die Werte und Regeln des *status quo* herausfordert, ist sie auch ein Ausdruck einer Revolte. Aber, da sie sich nicht auf eine offene Schlacht mit den Mächten des *status quo* einläßt, ist sie wiederum auch keine Revolution. Bestenfalls ist sie eine spontane, »beherrschte Revolution«. Durch den Entwurf einer Utopie, die ein Anti-Produkt ist, werden die Begrenzungen und die Minderung der Produkte eines autoritären Rationalismus deutlich gemacht. Jedes Mal, wenn neue Pseudo-Lösungen angeboten werden, um die Repression erträglicher zu machen, weist eine Utopie den Verlust der Freiheit, die Unterwerfung unter eine Autorität nach.

Von hier aus gesehen, nimmt sich ein Architekt wie Le Corbusier ganz anders aus, als wir ihn bisher in seinem Essay »Ausblick auf eine Architektur« angetroffen haben: der Architekt als kunstvoller Betrüger, der Architekt, ein Technokrat und Propagandist des Konsumzwangs? Ist es sinnvoll, sich auf den Architekten als Designer einer visionären Umwelt ernsthaft einzulassen?

Le Corbusier verzweifelte an der Zukunft der utilitaristischen Gesellschaft. Die von ihm entworfenen Strukturen schufen Panoramen aus gerade den Elementen, die in der zeitgenössischen Umwelt verfremdet oder gänzlich zerstört waren: ein muskulöser Mann, das Abbild körperlicher Arbeit, verhält sich müßig; die Zeit ist aufgehoben in einem Ausblick in die Ferne, die sich in einem strahlenden Licht abzeichnet; ein träges Boot, Sonne, leichter Wind, fruchtbare Erde, die sich weithin, ungestört durch den Eingriff des Menschen, ausbreitet. Sogar das Auto wird zu einer seltsamen Art Kuh. Aber wir verzweifeln ja nicht über das Verschwinden körperlicher Arbeit, der in die Ferne schweifenden Blicke, der Sonne, des leichten Winds und der Erde. Wir verzweifeln, weil wir das Gefühl der Freiheit eingebüßt haben, der Freiheit von Unterdrückung; und deswegen sollten wir diese Darstellung nicht als Vorschläge für künftiges Design betrachten, sondern als ein für immer verlorenes Arkadien, das uns die Brutalität und das Elend unserer gegenwärtigen repressiven, von uns selbst geschaffenen Umwelt vor Augen hält. Der utopische Architekt wirkt also als Kritiker, nicht als jemand, der entweder eine repressive oder eine repressionsfreie Umwelt hervorbringt oder zu ihr beiträgt.

Wie in den Visionen Le Corbusiers, scheint das Ornament heute ein weiteres Anti-Produkt zu sein, wenn es nicht wiederum als ein Werkzeug der Überredung fungiert. So gesehen ist es eine vom Menschen erschaffene Struktur, die auf eine höchst aggressive Weise eine nicht-utilitaristische Verwendung von Materie manifestiert, allerdings ein armseliger Ausgleich für eine ganz verlorene Welt, ein zaghaftes Versprechen vielleicht für eine mögliche andere Welt. Sicherlich ruft eine solche Gegenmeinung, so schwächlich sie auch ist, eine Reaktion hervor. Gropius zum Beispiel bezeichnet die Reaktion des 19. Jahrhunderts, das auf die Rationalisierung des Design mit üppiger Dekoration und Phantastik reagierte, als eine Eopoche, da »die Architektur zu einem blumigen Ästhetizismus entartete, der ebenso schwach wie sentimental war«[4].

Ähnliche neue Strukturen – wenn auch anders in der Substanz – werden durch die Organisation realer Gefüge oder realer Funktionen in die Wirklichkeit umgesetzt, nicht als integrierende Bestandteile der gesamten menschlichen Umwelt, sondern einfach als »befreite Bereiche«. So etwas sind zum Beispiel die »neuen Gemeinschaften«, die sich in Form von Kommunen, neuen Städten, Volksparks, tariflosem Verkehr, spontanen Happenings und Hobby-Centren verwirklichen. Es sind Phantasien, die sich in handfesten Baugefügen und Tätigkeiten äußern. Ihre Elemente zeigen ganz deutlich, was in der gegenwärtigen Organisation der menschlichen Umwelt übersehen und am Gedeihen gehindert worden ist. Diese Alternativen bewirken eine zeitweilige Befreiung – oft muß man Obskurität, Zweideutigkeit, freie Zusammenschlüsse und privaten Symbolismus in Kauf nehmen. Aber sie enthüllen die Langeweile, Starrheit, Aggressivität, ganz allgemein die Repressivität des *status quo* und versuchen deutlich zu machen, daß der Mensch zu allem imstande ist, wenn er gegen die starren Regeln der Autorität ankämpft.

Die meisten dieser neuen Gemeinschaften bekämpfen den utilitaristischen Rationalismus, ohne zu Obskurität, Zweideutigkeit oder freien Zusammenschlüssen Zuflucht zu nehmen. Beispiele von großem Einfallsreichtum, die näher an die Architektur herankommen, sind die Wettbewerbs-Vorschläge von Shadrach Woods[5] oder Giancarlo De Carlo. Beide schlagen Baustrukturen vor, welche bislang von der heutigen Umwelt unterdrückte oder zerstreute Qualitäten offenlegen. Le Corbusier idealisierte die agrarische Umwelt, die im Verschwinden begriffen war. Woods und De Carlo idealisieren die dahinschwindende Stadt des 19. Jahrhunderts, die Stadt vor der Erfindung funktionaler Zonen, Parksilos und Autohochstraßen. Ihre Vorschläge für eine Universität schließen, zum Beispiel, Straßen und Passagen und Quartiere mit hoher Dichte ein, die angefüllt sind mit einer Mischung von Menschen und Aktivitäten aller Arten und Ordnungen, eine herrliche Neufassung der Pariser Arkaden.

Nachdem dies gesagt ist, erhebt sich die Frage: Können wir solche Alternativen, solche auf ihre Verwirklichung wartenden Utopien als mögliche und wünschenswerte Lösungen unserer Probleme ansehen? Versprechen sie wirklich eine neue Welt? Wiewohl sie aus der bestehenden Gesellschaft heraus Bilder entwerfen, die kritisch, ja zerstörerisch im Hinblick auf die gegenwärtige Repression sind, sind sie doch außerstande, über deren Grenzen hinauszugehen. Sie verwerfen die gegenwärtige repressive Umwelt, aber sie können sie nicht überwinden. Sie »wenden die Vorstellungskraft, die ihre ersten Antriebe aus dem Neuen bezieht, zurück in die frühe Vergangenheit«[6], sie drücken mehr das Gefühl der Vergeblichkeit aus, als daß sie eine befreite Umwelt voraussagen. Und das ist kein Paradoxon. Wenn die Organisation der menschlichen Umwelt durch die Organisation menschlicher Gruppierungen in einer gegebenen Gesellschaft durch die Macht-Organisationen diktiert wird, kann Umwelt-Design ein gesellschaftliches System stärken oder unterstützen, aber nicht neu schaffen. Ein gegebenes gesellschaftliches System muß sich im Umwelt-Design ausdrücken. Es hängt davon ab, wie sich die Organisation der Macht materialisiert, – von einer Sprache, durch die Macht *vermittelt* wird. Aber Umwelt als Design kann die Organisation der Macht nicht *diktieren*.

Aus diesem Grunde scheitern »freie Alternativen« eher, wenn sie aufhören, kritische Demonstrationen zu sein und zu utopischen Entwürfen werden, die tatsächlich gebaut werden sollen, zu *Produkten* eben, die auf ihre Herstellung warten. Sie lassen nicht erkennen, daß die erste Voraussetzung für ihre Verwirklichung gesellschaftliche Veränderung ist, sondern lassen *erwarten*, daß sie diese Veränderung nur durch ihr Vorhandensein bewirken werden. Sie werden einfach zu einer anderen »Wahl« auf dem bestehenden Markt für die Konsumgüter der utilitaristischen Umwelt – ebenso langweilig, starr, aggressiv und repressiv wie alle übrigen. Allerschlimmstenfalls werden solche »Alternativen« in den bestehenden *status quo* einbezogen, um eine Illusion der Offenheit, der Flexibilität und des Wunsches nach einer Verbesserung zu erzeugen, wo es tatsächlich nur autoritäres Verhalten und Verzweiflung gibt. Diese »Utopien« werden oft auch als bloße Detektoren für die Richtung, in die neue Waren sich entwickeln sollen, ausgebeutet. So werden gewisse Einschränkungen, die durch bestehende Produkte wirksam sind (Repressionen der Vergangenheit), durch andere ersetzt (neue Repressionen). Sogar in Le Corbusiers *Habitat*, zum Beispiel, tritt an die Stelle fehlenden Kontakts mit der Natur im bloßen Ausblick ein besonderes Angebot, das von geringer Unmittelbarkeit ist und auf Kosten des sozialen Kontakts geht. Auf diese Weise degenerieren »Utopien« und »Alternativen« oft zu Design-Produkten, welche die gleichen Einschränkungen enthalten wie die Produkte, an denen sie vorher Kritik geübt hatten, und enden schließlich als bloße Mutation der Repression.

Die Verzweiflung über die Zukunft der Architektur und des Pessimismus, was die Möglichkeit angeht, jemals eine repressionsfreie Umwelt zu schaffen, spiegelt die Tatsache, daß die autoritäre Gesellschaft

ihre Fähigkeit, neue Produkte zu erfinden, neue Ziele und einen neuen Nutzen zu erkennen, erschöpft hat. Die »Überflußgesellschaft« – ob als Konsumgesellschaft oder als sozialer Wohlfahrtsstaat – wird bald, nachdem sie ihre Mittel und Quellen erschöpft hat, nur noch sehr wenig zu verkaufen oder zu verteilen haben, wofür die Menschen bereit sein werden, die ihnen noch verbliebene Macht und die letzten Bindungen in der Gemeinschaft aufzugeben. Es ist nicht mehr länger möglich, daß ein Designer, der in einer repressiven Gesellschaft lebt, die tatsächliche Organisation einer repressionsfreien Umwelt *in den Griff bekommt und projektiert.* Die repressionsfreie Umwelt ist eine vom Menschen geschaffene Umwelt, in der sich Menschen gegenseitig nicht mehr unterdrücken, worin der Mensch die Freiheit hat, in enger Gemeinschaft mit seinesgleichen zu leben. Das ist seine Befreiung. Und die Umwelt, in der sich diese Befreiung verwirklicht, ist das Kommunikations-System, durch das die gesellschaftliche Ordnung aufrechterhalten wird. Aber ein solches System sinnbildlicher Repräsentation kann nicht in Antizipation der Gesellschaftsordnung geschaffen werden, die es später benutzen wird.
Nur die Erfahrung unmittelbarer Beziehungen zwischen Menschen kann uns den Geschmack, die Ahnung von einer befreiten Umwelt geben. Hier endet auch die Theorie, die sich darauf beschränken muß, die Organisation einer solchen Gesellschaft abstrakt zu beschreiben. Wie das rationale Design sich die wissenschaftlichen Methoden zu eigen machen mußte und der Verifikation bedurfte, um ihre Ziele zu erreichen, so muß aus diesem Grunde post-rationales Design die Aktion, die unmittelbar auf soziale Beziehungen einwirkt, in ihre Methodologie aufnehmen, um ihre Absichten zu verwirklichen. Denn die bittere oder süße Erfahrung, zu dem unterdrückten oder befreiten Menschen in Beziehung zu treten, läßt sich nur im Handeln machen.

Anmerkungen

Die Zitate im Text wurden – soweit es die Angaben der Originalausgabe erlaubten – aus der deutsch erschienenen oder in deutschen Übersetzungen vorliegenden Literatur übernommen. Zu einem Teil mußten sie aus der vom Autor verwendeten englischen Version übersetzt werden. Zitate aus anderen Sprachen in den Anmerkungen wurden im Originaltext belassen. Für den deutschsprachigen Leser wurden die vom Autor aufgeführten englischen Publikationen soweit wie möglich durch im Buchhandel erreichbaren deutschen Ausgaben ergänzt. Originaltitel in anderen Sprachen wurden den vom Autor verwendeten englischen Übersetzungen angefügt. K. S.

Cézannes Mohrrübe

[1] Siegfried Giedion: Space, Time and Architecture, 1959, dt.: Raum, Zeit, Architektur. Die Entstehung einer neuen Tradition, Ravensburg 1965.
[2] Interview durch Max Jacobson, DMG Newsletter, März 1971.
[3] Christopher Alexander: Notes on the Synthesis of Form, Cambridge 1964, S. 46 ff.
[4] Geoffrey Scott: The Architecture of Humanism, London 1914.
[5] Karl Polanyi: Primitive Archaic and modern Economics. Hrsg. von George Dalton, 1968. Essay 4: Our Obsolete Market Mentality.
[6] Polanyi, a.a.O., Essay 7: The Economy as Instituted Process.
[7] A. L. Macfie: What Kind of Experience is Economizing. In: Ethics, Bd. 9, 1949, S. 19 ff.
[8] Zum ökonomischen Verhalten der Primitiven vgl. George Dalton: Theoretic Issues in Economic Anthropology. In: Economic Development and Social Chance. Hrsg. von G. Dalton, New York 1971. Zur allgemeinen Orientierung vgl. noch Melville F. Herskovits: Economic Anthropology, New York 1940.

Das göttliche Modell

[1] Marcel Griaule: Conversations with Ogotemmêli. An Introduction to Dogon Religious Ideas, Oxford 1965.
[2] Alanus von Lille (Alain de Lille): De Planetarum Naturae (12. Jhdt.).
[3] Cesare Cesariano, Di Lucio Vitruvio Pollione de Architectura. Como 1521. Dt. München 1969.
[4] Augustinus: De trinitate. Libri quindecim, III, IX, Vgl. in: Bibliothek der Kirchenväter, Leipzig 1909.
[5] Ebda.

[6] Augustinus: De vera religione XXII, S. 42 f.
[7] Augustinus: De libero arbitrio II, XVI, S. 41 f.
[8] Augustinus: a.a.O., II, XVI, 41 f.
[9] Ebda. Oder mit den Worten Michelangelos: »... zur Schönheit, die ich sah, bringe ich zuerst meine Seele, die sie durch meine Augen sieht. So wächst das geistige Bild.« Complete poems and selected letters of Michelangelo. Transl. with a foreword and Notes by Creighton Gilbert. Ed. with a Biographical Introduction by Robert N. Linscott, New York 1963.
[10] Augustinus: De genesi ad litteram libri duodecim V, XXIII, 45; oder wiederum wie Michelangelo sagt: »all die wunderschönen Dinge, die wir auf Erden sehen, ähneln, wie die weisen Männer sagen, mehr dem, von dem wir alle abstammen, als irgend einem anderen«.
[11] Augustinus: De trinitate III, IX, 16.
[12] Augustinus: De genesi ad litteram. V, XVI, 34.
[13] Augustinus: De libero arbitrio. II, XIII, 36.
[14] Augustinus: De trinatae IX, VI, 9 ff. Ich möchte hier den Leser erneut daran erinnern, daß die Theorie Augustinus', die die ganze von Menschen gestaltete Umwelt erfaßt, tatsächlich nur auf einen bestimmten Gebäudetyp paßt.
[15] Wis. XI, 21.
[16] Augustinus: De genesi ad litteram. IV, 3.
[17] Thomas von Aquin: Summa theologica, Art. 5, dt. 1934.
[18] Augustinus: De natura boni. 22.
[19] Augustinus: Epistolae.
[20] Augustinus: De moralia ecclesiae. I, XI, 18.
[21] Thomas von Aquin: Summa contra gentiles, XIX, dt. 1935–37.
[22] Otto von Simson: The Gothic Cathedral, New York 1962, p. 33, dt.: Die gotische Kathedrale, Darmstadt 1968.
[23] Paul Frankl: The Secret of Medieval Masons. In: Art Bulletin 27, 1945.
[24] Simson, a.a.O.
[25] Luca Pacioli: Divina proportione. Dt.: Die Lehre vom Goldenen Schnitt, Wien 1889.
[26] Francesco Zorzi: De harmoni mundi totius, Venedig 1525.
[27] Luca Pacioli, a.a.O.
[28] Ebda.
[29] Sebastiano Serlio: Settelibri d'architettura, Il quinto libro. 1600.
[30] Colen Campbell: Vitruvius britannicus, London 1715.
[31] James Ackerman: Ars sine scientia mihil est. In: Art Bulletin 31, 1949. In diesem Essay werden die Argumente sehr genau aufgeführt, mit denen Design-Entscheidungen beim Bau der Kathedrale von Mailand im 14. Jahrhundert gerechtfertigt wurden. Der Titel des Essays entstammt einer Äußerung Jean Mignots auf einer »internationalen Konferenz«, die während der Bauzeit der Kathedrale einberufen wurde. Mignot wollte sagen, daß Design-Entscheidungen, die keine hinreichende – prä-rationale – Begründung haben, wertlos sein müssen.
[32] Die Beschreibung von Dogon, eine afrikanische Siedlung südlich der Sahara und westlich von Nigeria, ist den Schriften von M. Griaule und G. Dieterlen entnommen. Für eine gute Zusammenfassung vgl. Daryll

Forde: African Worlds, London 1954, aus dem alle hier verwendeten Zitate entnommen sind.
[33] A.a.O., S. 87.
[34] Für Ähnlichkeiten mit der Renaissance vgl. Rudolf Allers: Microcosmos. In: Tradition 2, 1944.

Der Prozeß der Klassifizierung

[1] M. Griaule: Conversations with Ogotemmêli, Oxford 1965.
[2] Claude Lévi-Strauss: The savage mind, Chicago 1966, p. 16, dt.: Das wilde Denken, Frankfurt/M. 1968.
[3] A.a.O.
[4] R. B. Braithwaite: Scientific Explanation, Cambridge 1953.
[5] Luca Pacioli; Architectural Principles in the Age of Humanism.
[6] C. G. Hempel: Aspects of Scientific Explanation, New York 1965.
[7] C. W. Churchman: Prediction and optimal Decision, New York 1960.
[8] T. S. Kuhn: The Structure of Scientific Revolutions, Chicago 1962, dt.: Die Struktur wissenschaftlicher Revolutionen, Frankfurt 1973.
[9] Karl R. Popper: Conjecture and Refutations. The Growth of Scientific Knowledge, New York 1963.
[10] Karl W. Deutsch: The Nerves of Government, New York 1963.
[11] Lévi-Strauss, a.a.O.

Reinheit und Schönheit

[1] M. Griaule: Conversations ...
[2] Für eine ausführliche Analyse der Begriffe »Reinheit« und »Schmutz« s. Mary Douglas: Purity and Danger. An Analysis of Concepts of Pollution, London 1966.
[3] Emile Durkheim: The Elementary Forms of the Religious Life, trans. by Ward Swain, New York 1965, p. 465. frz. Les formes élémentaires de la vie réligieuse.
[4] A.a.O., S. 482.
[5] A.a.O., S. 492.
[6] A.a.O., S. 494.
[7] Daryll Forde und Mary Douglas: Primitive Economics. In: Culture and Society, ed. by Harry L. Shapiro, Oxford 1956.

Der prä-rationale Weinberg und die rationale Weinlese

[1] M. Griaule: Conversations ...
[2] A.a.O., S. 85 ff.
[3] M. I. Finley: The World of Odysseus. In: Tribal and Peasant Economics, ed. by G. Dalton. Kap. 3, p. 408. New York 1967, dt.: Die Welt des Odysseus, Darmstadt 1965.
[4] A.a.O., S. 407.

[5] A.a.O., S. 412.
[6] Daryll Forde u. Mary Douglas: Primitive Economics. In: Culture and Society. Hrsg. von Harry L. Shapiro, Oxford 1956.
[7] Ebda.
[8] Claude Lévi-Strauss: Tristes tropiques, dt.: Traurige Tropen, Köln 1970. Zitiert bei Ernest Mandel: Marxistische Wirtschaftstheorie. Amerikanische Übersetzung New York 1968, Bd. 1, S. 39-42. Ebda. weitere Hinweise auf anthropologische Arbeiten im Sinne von Lévi-Strauss.
[9] Durkheim a.a.O., S. 466.
[10] Thomas von Aquin: Summa contra gentiles. XLVII.
[11] Ebda.

Das gefällige Objekt

[1] M. Griaule: Conversations ...
[2] Leon Battista Alberti: Ten Books on Architecture engl. by James Leoni, ed. by J. Rykwert, London 1966, dt.: Zehn Bücher über die Baukunst, 1912.
[3] A.a.O., Buch IX, Kap. V.
[4] Ebda.
[5] A.a.O., Buch II, Kap. I.
[6] A.a.O., Buch IV, Kap. IV.
[7] Leon Battista Alberti: De statua, zitiert in: Sir Anthony Blunt: Artistic Theory in Italy 1450–1600, Oxford 1940.
[8] Leon Battista Alberti: a.a.O., Buch VI, Kap. III.
[9] A.a.O., Buch VI, Kap. I.
[10] Francesco Colonna: Hypnerotomachia Poliphili, Venedig 1499.
[11] Tommaso Temanza: Vite dei più celebri architetti e scultori veneziniche fiovirono nel secolo decimosesto, Venedig 1778.
[12] Zu den historischen Merkmalen der Renaissance-Utopien vgl. Reinhard Bentmann u. Michael Müller: Die Villa als Herrschaftsarchitektur. Versuch einer kunst- und sozialgeschichtlichen Analyse, Frankfurt/M. 1970.
[13] Emil Kaufmann: Architecture in the Age of Reason, p. 91.
[14] Guarino Guarini: Architectura civile. Opera posthuma. ed. by Bernardo Vittone. Torino 1737.
[15] Den Ausdruck verwandte Robert Morris in seinen »Lectures in Architecture«.
[16] Morris, a.a.O., Lecture X, p. 161.
[17] Guarini, a.a.O.
[18] Morris, a.a.O.
[19] Francesco Algarotti: Saggio sopra l'architectura, 1756, worin er T. Tasso zitiert.

Die selbstherrliche Schönheit des Perrault

[1] M. Griaule: Conversations ...
[2] In Bezug auf die Erkenntnisse, daß »die Renaissance (...) nicht die Seele der Menschen so umgestaltet hat wie die Neuerungen der Refor-

mation« vgl. Max Weber: Wirtschaftsgeschichte, München 1924, S. 314; Es war nicht eigentlich der Wendepunkt von prä-rationalem zu rationalem Design; diese oberflächliche Schlußfolgerung ergab sich dadurch, daß man sich nur auf den sichtbaren Ausdruck des Design in einer Periode verließ und nicht auf die Verfahren, die zu Design-Entscheidungen führten und die Ziele, denen sie dienten.
[4] S. Drake (ed.): Discoveries and Opinions of Galileo. New York 1957. Darin der Brief an Christine von Lothringen (1615).
[5] Wie der Renaissance-Architekt Philibert de l'Orme sagte.
[6] Wie es von dem berühmten freimaurerischen Gedicht (1430-40) – allerdings durch Entlehnung aus einem älteren Werk – für sich in Anspruch genommen wurde. Vgl. O. v. Simson, a.a.O. p. 38.
[7] Ebenso stellte Chambers einige Jahre später fest, daß »Schönheit und Tauglichkeit Eigenschaften sind, die sehr wenig Bezug aufeinander haben«. William Chambers: A Treatise on Architecture, London 1709.
[8] Leon Battista Alberti, a.a.O., Buch I, Kap. IX.
[9] Ludwig Wittgenstein: Lectures and Conversations on Aesthetics, Psychology and Religious Relief, 1967, vgl. dt.: Schriften, Frankfurt 1967-1970.

Eine Blume von ewiger Jugend

[1] Adam Smith: An Inquiry into the Nature and the Causes of the Wealth of Nations, 1776, ed. by Andrew Skinner, London 1970, p. 117, dt.: Eine Untersuchung über das Wesen und die Ursachen des Reichstums der Nationen , Berlin 1963.
[2] Karl Polanyi, The Great Transformation. The Political and Economic Origins of Our Time, London 1944.
[3] James Ackerman: Ars sine scientia nihil est. In: Art Bulletin 31, 1949.
[4] Francis Bacon: New Organon. Aphorisms, Buch I, Kap. VIII, London 1620, dt. 1870. Vgl. auch: Neues Organ der Wissenschaften, 1962.
[5] Isaac Newton: Opticks or a Treatise of the Reflection, Refractions, Inflections and Colours of Light, London 1730, dt. Optik oder die Abhandlung über Spiegelung, Brechung, Beugung und Farben des Lichts, 1898.
[6] Francis Bacon: New Organon. The Great Instauration. London 1620.
[7] Bacon, Aphorisms.
[8] Henry Wotton: The Elements of Architecture, London 1624.
[9] Bacon, a.a.O., Buch I, IV.
[10] René Descartes: Rules for the Direction of the Mind, Rule V, in: The Philosophical Works of Descartes, transl. a. ed. by E. Haldane/C. Ross, New York, 1955. Vgl. auch dt.: Deutsche Gesamtausgabe, 1915.
[11] A.a.O., Regel IV.
[12] William Chambers, a.a.O.
[13] Ebda.
[14] Descartes: a.a.O., Regel IV.
[15] P. M. Barde: Il Socrate dell'architettura. In: Stile, H. 6, S. 5 ff., 1943.
[16] Andrea Memmo: Elementi dell'architettura Lodoliana, ossia l'Arte del Fabbricare con Solidità Scientifica ed Eleganza non Capricciosa. Rom 1786.

[17] Emil Kaufmann: At an Eighteenth Century Crossroad. Algarotti vs. Lodoli. In: Journal of the American Society of Architectural Historians. Bd. 4, 1944, Nr. 2. Die Streitsätze von Lodoli und den Rigoristen waren nicht einzigartig in der Welt zu jener Zeit. Ähnliche Stellungnahmen wurden in Frankreich um die Wende zum 18. Jahrhundert entwickelt. De Cordemoy: Nouveau traité de toute l'architecture. 1706. Vgl. Renato de Fusco: L'Idea di architettura, Milano 1964.
[18] William Chambers, a.a.O.
[19] Andrea Memmo: Elementi dell' Architettura Lodoliana, Bd. 1, S. 200. Zitiert bei Annamaria Gabrielli: La Teoria Architettonica di Carlo Lodoli. In: Arti Figurative 1, 1945, S. 123 ff.
[20] Denis Diderot: »Encyclopedia«. In: Encyclopédie, Paris 1751, dt.: Philosophische und politische Texte aus der Enzyklopädie, Stuttgart 1969.
[21] »La bizzaria fa un sistema distruttore dell' ordine e delle forme dettate dalla natura«. Francesco Milizia: Dizionario delle Arti del Disegno. In: Encyklopedia metodica, Bassano 1797, I, 3.
[22] Deleyre über »fanaticism« in Diderot: Encyclopédie.
[23] »L'artista (...) libero dal giogo dell' autorità, non altro maestro che la sua ragiona.« In: Milizia: Dizonario..., I, 220.
[24] A.a.O., I, 87.
[25] Francesco Milizia: Vite dei celebri Architetti, antichi e moderni.
[26] »Secolo della Corruzione«. In: Milizia: Dizionario...,I, 1164.
[27] Francesco Milizia: Roma delle Belle Arti del Disegno. Teil 1: Dell' Architettura Civile, Bassano.
[28] Milizia, a.a.O., S. 202.
[29] Emil Kaufmann, a.a.O.
[30] Milizia: Principi, I, 24.
[31] Milizia: Dizionario, I, 236.
[32] Emil Kaufmann, a.a.O.
[33] Milizia: Dizionario, I, 3.
[34] Marc A. Laugier: Essai sur l'Architecture, Paris 1755.
[35] Etienne-Louis Boullée: Architecture. Essai sur l'Art. Hrsg. von Jean Marie Pérouse de Montclos. Paris 1968, S. 49 ff.
[36] Francesco Milizia: Opere complete, I, 200.

Die kleine Bauernhütte

[1] L. B. Alberti: Über die Baukunst, Buch I, Kap. I.
[2] James Ackerman, a.a.O.
[3] Galileo Galilei (1637): Due scienze nuove. Übers. von Henry Crew u. Alfonson de Salvio. London 1914.
[4] Ebda., S. 2 f.
[5] Ebda., S. 4.
[6] Ebda., S. 130.
[7] Ebda, S. 131.
[8] Leonardo da Vinci: Note books, transl. and ed. by Edward McCurdy. New York 1958. p. 55, vgl. dt.: Tagebücher und Aufzeichnungen, übers. und hrsg. von Theodor Lucke, 1952.

⁹ Tale esser dovrebbe l'architettura qualesi conviene alle qualità caratteristiche, alla pieghevolezza o rigidità delle parti componenti, a'gradi die forza resistente, alla propria essenza in una parda, o natura della materia che vieu posta inopera. Francesco Algarotte: Saggio sopra architettura, Livorno 1764.
¹⁰ Memmo: Elementi..., Bd. 1, S. 200. Zitiert bei Gabrielli, a.a.O., S. 125.
¹¹ Memmo: Elementi..., Bd. II, S. 98, ebenso S. 74, so zitiert bei Gabrielli, a.a.O.
¹² Chambers: A Treatise on Architecture.
¹³ »C'est dans les parties essentielles que consistent toutes les beautés; dans les parties introduites par besoin, consistent toutes les licences; dans les parties ajoutées par caprice consistent tous les défauts.« Laugier, a.a.O. S. 10.
¹⁴ Laugier, a.a.O., S. 9. The First and Second Discourses, 1. Discourse, ed. R. Masters, New York 1964, p. 37.
¹⁵ Jean-Jacques Rousseau: Discours sur les Arts et les Sciences, Genf 1750, Discours 1 u 2. Vgl. dt.: Über Kunst und Wissenschaft, Hamburg 1955.
¹⁶ Voltaire: Essai, I, p 172. dt.: Kritische und Satirische Schriften, München 1970.
¹⁷ Rousseau: Le Contrat Social, Genf 1762, Buch I, Kap. 2. Vgl. dt.: Gesellschaftsvertrag, Stuttgart 1958.
¹⁸ Bacon, a.a.O., Buch I, LXXXIV.
¹⁹ Rousseau, a.a.O., Buch I, Kap. 2.
²⁰ Rousseau: Discours 2, p. 151.
²¹ Ebda., p. 222.
²² Ebda., p. 150.
²³ Laugier, a.a.O., p. 11.
²⁴ T. G. Jackson: Reason in Architecture, London, New York 1906.
²⁵ Jackson, a.a.O.
²⁶ Eugène Emmanuel Viollet-le-Duc: Entretiens sur L'Architecture, 1860 bis 1872. Am.: Discourses on Architecture, Boston 1875.
²⁷ W. R. Lethaby: Architecture. An Introduction to the History and Theory of the Art of Building, London 1911.
²⁸ Lethaby, a.a.O.
²⁹ Siegfried Giedion: a.a.O.
³⁰ Jackson, a.a.O., S. 72.
³¹ Max Weber: The Protestant Ethic and the Spirit of Capitalism, transl. by T. Parsons, New York 1958, p. 172, dt.: Die protestantische Ethik und der Geist des Kapitalismus, Tübingen 1934, vgl.: Die protestantische Ethik, Hamburg 1973, S. 180.

Die technische Schönheit

¹ Leonardo Benevolo: The Origins of Modern Town Planning, Cambridge 1967. Dt.: Die sozialen Ursprünge des modernen Städtebaus, Bauwelt Fundamente, Bd. 29, Gütersloh 1971.
² Wotton, a.a.O.

[3] Claude Perrault: Une Traité sur les Cinq Ordres...
[4] Jackson, a.a.O.
[5] David Hume: A Treatise on Human Nature, London 1739. ed. by E. Mossner, London 1970, Book 3, p. 627.
[6] Jeremy Bentham: An Introduction to the Principles on Morals and Legislation, 1780, Kapt. I, 1.
[7] William Chambers: a.a.O.
[8] Ebda.
[9] Jackson, a.a.O.
[10] Lethaby: Design and Industry, London 1915.
[11] Ebda.
[12] David Hume: Dialogues concerning Natural Religion, 1779. Vgl. dt.: Dialoge über natürliche Religion, Hamburg 1968.
[13] D' Arcy Thompson: On Growth and Form, 1917. Verkürzte Ausgabe von J. T. Bonner, Cambridge 1961, S. 11.
[14] John Ruskin: Modern Painters, Bd. 2, Vorwort zur 2. Auflage 1888.
[15] Lancelot Law Whyte (Hrsg.): Aspects of Form, London 1951. Vorrede von Herbert Read.
[16] Rudolf Arnheim: Gestaltpsychology and Artistic Form. In: L. L. Whyte: a.a.O.
[17] Viollet-le-Duc: a.a.O., p. 316.
[18] Eugène Horatio Greenough: Form and Function. Remarks on Art. Berkeley 1947. J. M. Fich: Architecture and the Aesthetics of Plenty, New York 1961, S. 46 ff.
[19] William Hogarth, Analysis of Beauty, 1753.
[20] David Hume: A Treatise of Human Nature, Book III, p. 635.
[21] John Ruskin: Val d'Arno, 1874, Kap. VI, dt.: Ausgewählte Werke. Leipzig 1900-1903, Jena 1904-1906.
[22] John Ruskin: Modern Painters, 1847, Bd. 2, Kap. 2.

Der Würfel, dessen Seiten gelb, rot, blau, weiß, grau und schwarz waren

[1] J. J. P. Oud: An Architectonic Expression through Pure Architectural Means, 1921.
[2] Theo van Doesburg: Für eine plastische Architektur, Paris 1924.
[3] László Moholy-Nagy: The New Vision (1928), third revised edition 1946; Abstract of an Artist, New York 1946, p. 17; vgl. auch Vision in Motion, New York 1946, Deutsche Ausgabe geplant.
[4] Theo van Doesburg, a.a.O.
[5] Le Corbusier: Kommende Baukunst, Stuttgart 1926.
[6] Ausblick auf eine Architektur, Bauwelt-Fundamente 2, Gütersloh/Berlin 1969.
[7] Walter Gropius: The New Architecture and the Bauhaus, London 1935, dt.: Die neue Architektur und das Bauhaus, Neuauflage Wiesbaden 1965, vgl. auch: Architektur, Frankfurt/M. 1956, S. 19 f.
[8] Gropius, a.a.O.
[9] Brief von G. Rietfeld an van Doesburg. Erwähnt in Theodore M. Brown: The Work of G. Rietfeld, Utrecht 1958.

[10] Le Corbusier, a.a.O.
[11] Ebda.
[12] Henry Russel Hitchcock und Philip Johnson: The International Style, 1932, p. 41.
[13] Ebda., p. 95.
[14] Ebda.
[15] Ebda.
[16] Sibyl Moholy-Nagy: »The Diaspora«. In: Journal of the American Society of Architectional Historians, 1965, March-November.
[17] Viollet-le-Duc, a.a.O.
[18] Bruno Adler: Das Weimarer Bauhaus, Darmstadt 1963.
[19] Walter Gropius, a.a.O.
[20] Claude Schnaidt: Hannes Meyer, New York 1965, S. 103. Aus: My Dismissal from the Bauhaus.
[21] Schnaidt, a.a.O.
[22] »Zeitgenössische Ereignisse wie Hitlers Putsch von 1923 oder die deutsche Erhebung machten wenig Eindruck auf den Lehrkörper und die Studenten, die erstaunlicherweise in ihren Vorlesungen hinter der Zeit zurückblieben, indem sie solche neuen Talente wie Kafka, Brecht und Benn ignorierten«. The Bauhaus. In: Times Literary Supplement, 19. Sept. 1968.
[23] Gropius in einem Brief an Maldonado, zitiert bei Schnaidt, a.a.O.
[24] Schnaidt, a.a.O.
[25] Umberto Eco: Lowbrow Highbrow, Highbrow Lowbrow. In: Times Literary Supplement, 10. August 1971.

Die Lösung des Problems

[1] Le Corbusier, a.a.O.
[2] Dieser Auszug aus einem Artikel über Wohnwesen von Dr. A. Müller wurde 1872 in der Leipziger Zeitung »Der Volksstaat« publiziert und wurde von Friedrich Engels in seinem Artikel »Zur Wohnungsfrage«, 1872, zitiert.
[3] Le Corbusier: The Radiant City. New York 1967, S. 122. Zuerst publiziert in Paris 1933 unter dem Titel: La Ville Radieuse.
[4] Ebenezer Howard: Garden Cities of Tomorrow, 1898. Dt.: Gartenstädte von morgen, hrsg. von J. Posener, Berlin, Frankfurt/Main 1965. Patrick Geddes: Cities in Evolution, 1915.
[5] Serge Chermayeff und Christopher Alexander: Community and Privacy: Toward a New Architecture of Humanism, New York 1965, S. 75, 117 and 213, dt.: Gemeinschaft und Privatbereich im neuen Bauen, Mainz 1971.
[6] Serge Chermayeff und Alexander Tzonis: Shape of Community: A Realization of Human Potential, New York 1971.
[7] W. R. Lethaby: Form in Civilization, London 1922.
[8] F. Stuart Chapin: Urban Land use Planning, Urbana 1965, S. 69.
[9] Richard L. Meier: A Communications Theory of Urban Growth, Cambridge 1962, S. 6.

[10] Melvin Webber: The Urban Place and the Nonplace Urban Realm, Philadelphia 1964. In: M. Webber u. a.: Explorations into Urban Structure.
[11] Ebda., S. 150 ff.
[12] Christopher Alexander: Notes on the Synthesis of Form, Cambridge 1964.
[13] Christopher Alexander: Ebda., S. 45, 55.
[14] Noam Chomsky: Language and Mind, New York 1968, dt.: Sprache und Geist, Frankfurt/M. 1970.
[15] L. Brillouin: Science and Information Theory, New York 1962.
[16] Richard L. Meier: a.a.O., Karl W. Deutsch: On Social Communication and the Metropolis. In: Daedalus 1961.

Die Überwindung des »Status naturae«

[1] Thomas von Aquin: Summa contra gentiles. Buch III, Kap. II, III.
[2] Max Weber: a.a.O.
[3] W. R. Lethaby: Form in Civilization: Design and Industry, London 1922.
[4] May Mix Foley: What is Urban Development? In: Architectural Forum,
[5] William James: Essays in Pragmatism. New York 1948. S. 49.

Das hoffnungslose Arkadien

[1] M. Griaule: Conversations...
[2] Thomas von Aquin: Summa contra gentiles. Buch III, Kap. II. Dt. 1935-37.
[3] Friedrich Schiller: On the Aesthetic Education of Man, 27th Letter, Leipzig 1801, dt.: Sämtl. Werke, Bd. 10, Stuttgart 1968.
[4] Walter Gropius: Scope of Total Architecture, New York 1955. Dt. Architektur, Frankfurt/M 1956.
[5] G. Candilis, A. Josic, W. Woods: Ein Jahrzehnt Architektur und Stadtplanung. Stuttgart 1968. Giancarlo de Carlos: Vorschlag für ein System, das durch einen vom University College, Dublin, 1963, eingeleiteten Wettbewerb angeregt wurde.
[6] Walter Benjamin: Paris: Capital of the Nineteenth Century, in: Perspecta, New Haven 1969, dt.: Paris, Hauptstadt des 19. Jahrhunderts, in: Illuminationen, Frankfurt/Main 1961, S. 185 ff.

Ich bin zu besonderem Dank verpflichtet den Herren Yanni Pyriotis, Prof. Giancarlo de Carlo und Michel Müller für Kritik und Diskussion des letzten Kapitels. Es wurde ferner angeregt durch ein ausführliches Gespräch mit Prof. Basil Bernstein.
A. T.

Bei Fragen zur Produktsicherheit wenden Sie sich bitte an:
If you have any questions regarding product safety,
please contact:

Birkhäuser Verlag GmbH
Im Westfeld 8
4055 Basel, Schweiz
productsafety@degruyterbrill.com